비빌 언덕의 힘

가장 가까운 곳에서 가장 큰 힘을 주는 사람
비빌 언덕의 힘

프롤로그

"시간은 기다려주지 않습니다. 아이의 훈육도 예외는 아닙니다."

부모님이 세상을 떠나신 뒤에야, 그 잔소리 마저 사랑이었다는 걸 깨닫게 됩니다. 하지만 그 후회는 아무것도 되돌릴 수 없습니다. 기회는 이미 지나갔고, 시간은 더 이상 주어지지 않습니다.
아이와의 시간도 그렇습니다.

"좀 크면 제대로 가르쳐야지."
"지금은 바쁘니까 나중에 이야기하자."
"사춘기 지나면 괜찮아질 거야."

우리는 그렇게 훈육을 미루고, 대화를 미루고, 사랑 표현을 미룹니다.

그러다 아이는 어느새 자라버립니다. 부모의 말을 듣지 않는 나이가 아니라 부모를 외면하는 나이로.

그때는 말하고 싶어도 통하지 않고, 가르치고 싶어도 받아들이지 않습니다. 어쩌면 부모가 아이 곁에 머물 수 없을지도 모릅니다.

사랑한다고 말해본 적도 없이, 아이의 마음을 제대로 들여다본 적도 없이, 아이에 대해 안다고 착각한 채 보낸 시간은 되돌릴 수 없습니다.

그런 부모를 아이는 기다려주지 않습니다.

아침에는 등교와 출근 준비로 허둥지둥, 낮엔 회사와 집안일 사이를 오가고, 저녁이 되면 피곤함이 먼저 밀려옵니다. 시간은 늘 부족합니다.

아이의 이야기를 제대로 들어줄 시간, 함께 놀며 웃을 여유, 눈을 맞추고 "괜찮아"라고 말할 기회를 자꾸 미룹니다.

"숙제는 했어?"
"좀 조용히 해 줄래?"

무심한 말투, 반복되는 무관심, 감정적인 반응 하나가 아이의 자존감, 신뢰감, 정체성을 천천히 무너뜨리고 있습니다.

아이와 함께할 시간이 없다면 더 정확히 알고, 더 철저히 준비해야 합니다. 방향을 모른 채 감으로 키우는 육아는 짧은 시간조차 독이 됩니다. 무심한 훈육, 비교, 조급한 판단 하나가 아이의 평생을 흔들 수 있습니다.

지금 필요한 건 아이를 더 많이 사랑하는 것도 더 오래 함께하는 것도 아닙니다.

'많은 시간을 함께하는 부모'보다 '짧은 시간이라도 의미 있게 연결되는 부모'가 되기 위한 연습이 필요할 뿐입니다.

학부모교육은 '선택'이 아닙니다. 학부모교육은 단순한 지식 전달이 아닙니다. 후회하지 않기 위한 최소한의 책임이자, 아이를 키울 수 있는 유일한 시기를 붙잡는 방법입니다.

아이를 책임지는 사람이라면 반드시 알아야 할 최소한의 기준입니다.

아이와의 시간은 무한하지 않습니다.

이 책은 그 한정된 시간 안에서 당신이 부모로서 무엇을 해야 하는지를 함께 고민할 것입니다.

당신은 이미 충분히 좋은 부모입니다.

다만, 그 '좋음'을 지켜가는 연습이 필요할 뿐입니다.

이 책이 그 여정을 함께할 작은 동반자가 되기를 바랍니다.

목차

프롤로그 - 6

제 1장. 학부모 교육, 왜 필요한가? - 15

    학부모교육의 진정한 의미와 필요성 - 16
    부모의 교육관이 아이의 삶에 미치는 영향 - 23
    부모의 말 한마디가 아이의 인생을 바꾸는 순간 - 27
    아이의 진짜 경쟁력은 성적이 아니다 - 32
    행복한 아이가 더 잘 성장하는 이유 - 37
    부모의 불안이 아이에게 전이되는 과정 - 42
    장기적 성공을 위한 비인지적 능력의 중요성 - 47
    현대 교육환경에서 변화하는 부모의 역할 - 52
    과잉 교육열의 함정과 그 영향 - 57
    교육의 진정한 목적 재정립하기 - 62

제 2 장. 실제 노하우와 방법론 - 69

- 아이의 의견 존중, 어디 까지가 적절한가? - 70
- 아이의 강점을 발견하고 키우는 방법 - 76
- 학원선택보다 선생님선택이 중요하다 - 82
- 자존감 키우는 상호작용 방법 - 87
- 바른 인성과 사회성 발달 지원하기 - 95
- 학습동기를 높이는 대화법 - 100
- 형제자매 관계, 경쟁이 아닌 동반자로 키우는 방법 - 105
- 자기주도 학습력을 키우는 가정의 힘 - 111
- 아이와 미디어의 건강한 관계 맺기 - 116
- 아이의 스트레스 돌보는 방법 - 121

제 3 장. 함께 성장하는 부모와 아이 - 129

부모 자신의 성장이 아이의 성장으로 이어진다 - 130
부모의 자기성찰이 아이교육의 시작이다 - 135
가족문화와 가치관 형성의 중요성 - 140
평생 학습자로서의 부모 역할 - 145
부모도 실수할 수 있다 - 150
건강한 경계 설정하기 - 155
부모의 자기 돌봄과 스트레스 관리 - 160
배우자와의 교육관 차이 좁히기 - 165
아이 눈높이에서 배우는 삶의 감각 - 170
경계와 신뢰 사이 - 175

제 4 장. 실제 사례와 변화 이야기 - 183

- 까칠한 아이의 변화 - 184
- 학원을 더 다녀야 할까요? - 191
- 친구 관계로 고민하는 아이 - 196
- 반항기 청소년과의 소통 - 201
- 아이의 꿈을 어떻게 지원할까요? - 206
- 완벽주의 부모에서 성장지원자로 - 211

에필로그 - 216

제 1 장

학부모 교육, 왜 필요한가?

학부모교육의 진정한 의미와 필요성

아이들을 지도하며 어느 순간부터 수없이 많은 물음표와 답답함을 느끼기 시작했다. 이유를 찾기 위해 무던히도 고심했었다. 아이라는 나무를 건강하게 키우려면 뿌리인 부모의 변화가 먼저라는 생각의 끝은 "부모가 바뀌지 않으면 안 된다"였다. 그때부터 내가 할 수 있는 방법을 찾기 시작했다. 부모의 가치관을 바꿔야 한다는 생각으로 학부모교육을 하기 시작했다.

학원에 의존하지 않고 집에서도 학습을 효과적으로 지도할 수 있는 방법, 내 아이에 맞는 문제집 고르는 방법, 내 아이에 맞는 대화법까지 다양한 주제로 함께 아이를 키우는 마음을 품고 학부모교육을 진행했다. 학부모교육은 단순히 정보를 전달하는 것을 넘어, 아이를 키우는 연대감으로 서로 따뜻한 마음을 나누는 시간들이었다.

'한 아이를 키우려면 온 마을이 필요하다'라는 말이 무색할 만큼 옆집 아이에게는 무관심하고, 내 아이 하나 키우기도 벅차 힘겨워하는 학부모가 참 많다. 씁쓸한 현실임은 확실하다. 원인이 무엇이든 해결을 향한 그 어떤 것이든 해야 하는 게 아닌가 싶었다. 세상 탓을 하며 둘러앉아 수다만 떨고 지나칠 일은 아니었다.

막연한 답답함에 시작된 작은 시도는 나를 변화시켰다. 하루에도 수십 번을 이걸 내가 왜 하나? 나라도 해야지! 한두 명 바뀐다고 세상이 바뀌겠어? 한 명만 바뀌어도 해야지! 정신 나간 사람처럼 이랬다 저랬다 나중에는 어이가 없어서 웃음이 피식 나왔다.

시간이 지나고 다양한 상황의 학부모님들의 고민들을 듣고 해결사례가 쌓여갔다. 묘한 책임감, 사명감, 자부심이 생겨났고 그때부터는 숙명이었다.

학부모교육을 통해 나도 더 성장을 했지만 학부모님들의 작은 성장을 하는 모습이 잔잔한 위로가 되었다. 뿌듯함보다는 위로라는 말로 표현할 정도로 하면 할수록 끝이 없는 일을 하고 있는 기분이었다.

그만큼 학부모교육이란 것이 범위도 넓고 깊이도 깊어 성과가 눈에 보이는 것이 아니다. 그래서 단기 속성 프로그램으로 할 수 있는 것이 아니다. 지속적이지 않으면 다 물거품이 되어버린다는 아주 큰 단점이 있다. 누구나 쉽게 시작은 할 수 있지만 지속적이기는 쉽지 않은 일이다. 그렇다고 해서 먼 산 불구경하듯 보고 있을 수 만은 없는 것이고 누군가는 해야 함이 분명하다.

한 번은 어떤 어머님께서 타지역으로 발령이 나면서 못 나오시게 되었는데 몇 달이 지나 오랜만에 교육에 와서 생각처럼 잘되지 않는다며 고민을 털어놓으셨다. 그때 옆에 계시던 한 분이 자주 와서 원장님을 보면 된다는 말씀에 모두 웃으며 동의하시는 모습이었다. 그 순간에는 재밌는 농담을 들은 듯이 박장대소를 했다.

함께 웃으며 교육이 끝난 후 많은 생각이 들어 한참을 그동안 해온 교육들을 되새김을 했다. 꽤 오랫동안 학부모교육을 왜 하냐는 말을 자주 들었다. 그도 그럴 것이 처음 시작은 학원에 오는 몇몇 아이들의 기초학력수준이 심각할 정도로 낮아 이 정도는 집에서도 할 수 있을 텐데 몇 개월 학원비가 아깝다는 생각이 들었다. 그래서 관심있는 엄마들을 모아서 집에서 지도할 수 있는 방법을 가르치는 것부터 시작했다. 그러다 보니 효과적인 양육태도, 밥상머리교육, 마음을 나누는 대화법, 변화하는 교육 정보, 자녀의 학교생활 고민 상담 등등 점점 일이 커져 온 것이다. 엄마들의 비빌 언덕이 되어 가고 있었다.

학부모교육은 아이들이 학교에 의무적으로 다니는 것만큼 중요하다. 아이뿐 아니라 부모 역시 끊임없이 배워 성장해야 하기 때문이다.

부모는 자녀의 첫 번째 선생님이다. 일반적으로 교육이란 것은 무언가를 배우는 것이라고 인식하고 있다. 하지만 배운다는 것은 꼭 공부만을 말하는 것은 아니다. 밥 먹는 방법, 옷 입는 방법, 말하는 방법 등등 아이가 배워야 할 모든 것을 가르쳐야 할 부모는 아이가 태어난 순간부터 선생님인 것이다.

부모의 불안한 그림자는 아이에게 드리워지고 부모의 긍정적인 에너지는 아이의 미래를 비추는 빛이 된다. 부모의 감정 조절 능력, 긍정적인 훈육방식, 갈등 상황에서의 현명한 대처법을 배우고 실천함으로써 아이와의 관계를 더 건강하게 만들어갈 수 있다.

부모의 올바른 양육 태도는 자녀의 정서적 안정과 자존감, 사회성 향상에 큰 도움이 된다. '자식은 부모의 거울'이란 말이 그냥 만들어진 말은 아님이 틀림없다. 모든 부모가 다 알고 있는 사실이지만 바른 학부모가 되기 위해 노력하는 부모는 많지 않다. 나아가 현명한 학부모 역시 많지 않아 학업뿐만 아니라 또래 관계의 어려움, 정서적 불안 등등 학창 시절을 힘들게 지내는 아이들이 많다는 점이 가슴 아픈 현실이다. 학부모교육은 부모 스스로 돌아보고, 성숙한 양육자로 발돋움할 수 있는 과정이라고 생각한다.

요즘처럼 급변하는 사회 속에서 학부모는 끊임없는 새로운 정보에 노출되고, 수많은 선택의 기로에 놓인다. 학부모교육을 통해 입시 정보나 교육 정책의 변화를 알고 내 자녀에 맞는 대처 방안을 모색하거나 디지털 시대의 빛과 그림자를 분별하며 아이에게 맞는 최적의 교육 환경을 조성할 수 있도록 도움받을 수 있다.

아이가 태어남으로 부부가 부모가 되고 아이가 학교에 감으로 학부모가 되며 발생하는 문제 상황들이 가정에서부터 시작되므로 해답을 찾는 것도 부모가 시작해야 한다는 것이다. 정답이 아닌 해답을 고민하고 찾아야 한다. 정해진 답은 없고 가족의 정서적, 경제적환경, 가족구성원의 성격, 문제 상황 등 가족만의 고유한 해답을 찾아가는 과정 속에서 학부모교육은 함께 고민하고 지혜를 모으는 든든한 비빌 언덕이 될 것이다.

어쩌면 정답이 있는 수학 문제를 푸는 것이 하얀 도화지에 그림을 그려야 하는 것보다 쉬울 수도 있다.

지금의 학부모들이 교육받으며 자라온 그동안의 시간들 속을 들여다보면 해답보다 정답 찾기를 더 잘할 수 있게 훈련되어 있다. 그래서 그들이 학부모가 되었을 때 아이들에게 정답을 알려주는 것이 세상을 더 수월하게 살아갈 것이라는 착각을 하게 만든 것이다. 이미 크고 작은 문제점은 여기저기서 다양한 현상으로 드러나기 시작했고 누군가의 탓을 하며 늦었다며 한탄하기에는 너무 무책임하다고 생각한다. 늦지 않았다.

인간이 살며 주어지는 하루는 남은 생 중 가장 젊은 날이니 무언가를 해야겠다는 생각이 들었을 때는 그 일을 할 수 있는 많은 날 중 가장 빠른 날일 것이다.

체력증진을 위한 운동, 친목을 위한 모임, 자기 계발을 위한 시간 투자 등등 학부모교육도 규칙적이고 지속적인 학부모교육이 이루어진다면 분명 세상이 바뀔 것이다.

아이가 막 태어났을 때 99%의 부모는 건강하게만 자라면 된다고 생각한다. 유치원을 다니기 시작하면 친구들과 잘 놀고 선생님 말씀 잘 듣는 아이면 대부분 만족한다. 학교에 다니기 시작하면 슬슬 생각과 말이 바뀌기 시작한다. 부모가 변덕스러워서가 아니다. 학업의 서열주의를 고스란히 겪으며 자란 부모들은 굳이 말하지 않아도 서열이 주는 스트레스가 만만치 않다는 걸 알기 때문이다. 꼴등 해도 괜찮다는 말은 해도 사실은 '1등은 못해도 중간은 해야지.'라는 생각이 솔직한 심정이다. 그렇다 해서 어렸을 때부터 학원을 보내기는 싫고, 경제적인 것도 배제할 수 없다.

부모들이 대부분 가장 먼저 하는 일은 서점을 간다. 어쩌면 당연하지만 어쩌면 가장 아이러니한 일이기도 하다. 서점에는 내 아이에 맞는 교재가 무엇인지 아는 전문가는 없다. 가장 앞에 많이 진열해둔 교재는 그 출판사 영업사원이 영업을 잘한 것이다. 옆집 아이가 풀고 있는 교재명을 알아가서 같은 걸 사오더라도 내 아이 수준에 맞지 않는 경우도 많다.

진짜 문제는 그다음이다. 매일 계획을 세워 공부를 시작한다. 그때부터 하염없는 고민이 시작된다. 잘 따라오는 아이도, 못 따라오는 아이도 고민의 내용은 같다. 학습량, 학습 태도, 학습 시간이 늘 궁금하다. 잘 하고 있는 것인지….

하지만 간과해서는 안 되는 것은 아이의 타고난 기질은 쉽게 변하지 않지만, 환경에 의해 아이들은 많은 것이 변화한다는 것이다. 학습은 그 변화를 가장 뚜렷하게 보여주는 영역이다. 그렇기 때문에 학습의 초기 단계부터 부모의 역할은 절대적으로 중요하다.

부모가 아이의 학습 스타일, 학습 태도, 학습 습관을 이해하고, 적절한 동기부여 방법을 터득함으로써 아이의 잠재력을 최대한으로 끌어올릴 수 있다. 학습 문제점을 조기에 발견하고 적절하게 대응하는 능력을 키우면, 문제행동의 심화를 막고 자기주도 학습 능력 향상, 성적 향상에 긍정적인 영향을 줄 수 있다.

하지만 안타깝게도 현실은 그렇지 않다. 아이의 학습상태를 냉철하게 파악해 본 적도 없고, '때 되면 알아서 하겠지'라는 안일한 생각을 하는 부모가 대부분이다. 그러다 아이가 초등 고학년이 되면 발등의 불이 떨어진 것처럼 마음도 급해지고 내 아이의 문제점만 보이기 시작한다. 이미 늦었다 생각하고 아이보다 먼저 포기하는 학부모도 본 적이 있다. 아이는 부모와 신뢰 관계가 형성되어 있을수록 어떤 상황에서도 포기하지 않는다. 물론 부모도 마찬가지일 것이다.

부모와의 공감과 적절한 지도는 아이에게 큰 영향을 미친다. 학부모교육은 부모가 자녀의 감정을 이해하고 자율성과 책임감을 키울 수 있는 환경을 조성하는 데 필요한 지식을 공유할 수 있다. 과도한 간섭보다는 자율성을 존중하면서 일관된 학습 습관을 함께 만들어가는 방식을 배워서 실천할 수 있게 돕는다.

학부모의 아이에 대한 올바른 관심은 아이 문제의 예방과 조기 개입에 효과적이다. 아이가 겪는 정서적 불안, 학습 부진, 또래 관계의 어려움 등 초기 신호를 파악하고 적절히 대응할 수 있다. 학부모교육은 부모가 아이의 행동과 언어 속에서 이상 징후를 감지할 수 있도록 돕고 해결 방법을 모색하고 선택할 수 있는 판단력을 키워준다.

이처럼 학부모교육은 아이의 몸과 마음을 건강하게 삶을 조화롭게 이끌어주는 중요한 교육이다. 아이는 부모를 보고 자란다. 변화하는 사회와 교육 환경 속에서 부모도 끊임없이 배우고 성장해야 한다. 단순한 부모의 책임이란 뜻은 아니다. 아이와 함께 성장해가는 여정이라고 생각한다. 학부모교육은 그 여정을 돕는 이정표이다.

학부모교육은 선택이 아니라 필수임을 인식하고 사회적 차원에서도 적극적으로 지원하고 활성화할 필요가 있다.

부모의 교육관이 아이의 삶에 미치는 영향

아이를 낳아 보살피는 것은 당연하게 여긴다. 하지만 교육관은 등한시한다. 생각조차 안 해 본 부모들을 제법 만날 수 있다. 육아를 잘하기 위해 아이가 태어나기 전부터 책, 인터넷 등을 통해 많은 정보를 탐색한다. 첫 아이를 키우는 과정에서 수없이 많은 시행착오를 겪지만 둘째, 셋째를 키울 때는 나름 베테랑이라며 첫째보다 수월하게 육아를 하게 된다.

하지만 교육관은 다르다. 미리 생각해 보지 않았다는 부모, 공부는 할 때 되면 알아서 한다는 부모, 남들이 하는 대로 따라 하는 부모 등 어디서부터 함께 생각해봐야 할지 고민스러울 때가 여러 번 있었다.

부모의 교육관은 아이의 학습에 대한 인식과 태도에 직접적인 영향을 미친다. 어떤 부모는 공부를 인생의 성공을 위한 수단으로만 생각해서 아이에게 끊임없이 학업 성취를 강요한다.

반면, 다른 부모는 공부는 삶을 풍요롭게 하고 스스로를 이해하며 발전하는 과정이라고 여겨 아이가 즐겁고 자율적으로 학습할 수 있도록 유도한다.

두 아이 모두 학습을 하는 것은 같지만 학습 동기를 형성하는 데는 부모의 교육관이 얼마나 중요한지를 보여준다.

책읽기를 함께 즐기고 아이의 질문에 함께 고민하며 해답을 찾는 부모의 태도에서 아이의 호기심을 자극하여 탐구하는 학습 습관이 형성될 것이다. 하지만 책읽기를 의무적으로 하거나 벌의 도구로 사용한다면 학습에 대한 반감이 생겨 학습을 회피하게 될 것이다.

학원에 오는 아이들 중 꽤 많은 아이는 자존감이 낮다. 공부를 잘하고 못함의 차이가 아니다. 부모가 성과 중심의 교육관을 가지고 아이의 실수에 비난하거나 끊임없이 비교하는 경우 대부분 자존감이 낮아진다.

학부모교육 때 이런 말을 하면 자신은 아이에게 공부에 대한 스트레스를 준 적이 없다고 한다. 여러 사례를 예를 들면 대화하다 보면 아이러니하게도 그런 적이 한 번도 없는 부모는 찾기 힘들다. 꼭 똑같진 않아도 비슷한 경험은 대부분 있다.

예를 들어, 초등학교 1학년 아이가 받아쓰기 100점을 받아왔다. 부모는 파티라도 할 기세로 축하한다. 아이는 다음부터 100점을 받지 못하면 부모가 기뻐하지 않을 것이라 생각한다. 지나친 칭찬이 독이 된 것이다. 심지어 하나를 틀려온 날은 말은 잘했다며 아쉬워한다. 다음에 더 열심히 해서 100점 또 받아보자며 … 이 얼마나 무서운 경우인가. 건강만 하면 된다더니 100점에 환호하는 부모라…

어떤 시험이든 준비 과정을 인정해주고 시험 보는 내내 긴장했을 아이에게 결과보다 과정을 이겨냄을 토닥여주고 결과에 대해 아이의 생각을 들어주면 되는 것이다. 그러면 아이는 시험 결과보다 더 값진 경험으로 인해 정신이 튼튼하고 마음이 온전한 아이로 한 뼘은 자랄 것이다. 그러나 많은 부모는 결과만 보고 분석하는 경향이 있다. 분석은 아이들도 사실 잘한다. 부정하고 싶어서 회피할 뿐이다.

아이들은 부모의 미세한 표정차이, 억양차이, 행동차이를 아주 잘 안다. 부모는 아이가 모를 것이라고 생각하는 것들 중 대부분은 아이들은 알고 있다. 그래서 더 조심하고, 더 고민하고, 더 노력해야 한다. 부모의 말 한마디, 태도 하나하나가 아이의 자존감을 좌우한다는 점에서 부모의 올바른 교육관은 단순한 학습지도 이상으로 중요하다.

부모의 교육관은 아이의 진로 결정에도 영향을 미친다. 부모가 특정 직업이나 사회적으로 인정받는 성공만을 강조하면 아이는 자신의 적성보다는 부모의 기대에 부응하기 위해 노력하다가 그에 미치지 못하면 스스로 낙오시킨다. 학부모교육 할 때 진로 관련 내용을 할 때면 항상 하는 말이 있다. 우리가 생각하는 직업들 중 안 했으면 하는 그런 직업을 내 아이가 하고 싶어 하고 해보니 행복하다면 말릴 이유가 없다. 예전에 한 학생이 본인은 뭐든 손으로 이것저것 만드는 게 너무 행복해서 공방을 차려서 하고 싶다고 했다. 진지하게 몇 번 더 상담을 진행한 후 그 아이는 대학 진학을 안 하기로 했다. 그때 그 학부모님, 그 학생 참 좋은 기억으로 남는다.

아이의 관심사와 잠재력을 존중하고 다양한 진로를 긍정적으로 바라보는 교육관을 가진 부모는 아이가 삶을 주체적으로 살아갈 수 있도록 돕는다.

부모의 교육관은 아이뿐만 아니라 가정 전체 분위기와 가정의 고유한 문화에도 영향을 준다. 가정마다 캠핑, 문화생활, 애완동물 기르기, 여행 등 문화가 다른 것도 교육관에서 비롯된 경우가 많다. 부부만 있는 가정보다 아이가 있는 가정이 좀 더 다양한 문화를 형성하고 실천하는 것을 쉽게 볼 수 있다.

아이가 성장하는 과정에서 정서적 안정, 인지적 능력, 사회성, 도덕적 가치관 등의 성장이 이루어져야 건강한 인격을 갖춘 어른으로 성장할 수 있다고 볼 수 있다. 부모의 올바른 교육관은 아이의 성장에 절대적인 영향을 미친다.

부모의 말 한마디가 아이의 인생을 바꾸는 순간

"우와! 이걸 해내다니 대단하구나."

"왜 그걸 그렇게밖에 못해?"

비슷한 상황에서 나온 두 개의 말이지만, 아이의 마음속은 전혀 다른 상황이 된다. 부모의 말 한마디는 아이의 자존감에 씨앗을 심기도 하고, 그 씨앗을 뽑아 버리기도 한다.

아이가 겪는 모든 순간은 인생을 살아가는데 필요한 밑거름이 된다. 그 모든 순간의 과정에서 부모의 말은 아이 마음속에 나침반이 된다. 아이는 부모의 말로 자신을 정의하고 세상을 배운다. 때로는 아주 짧은 한마디가 아이의 평생을 좌우하는 가치관이 될 수도 있다. 반대로 평생의 상처가 될 수도 있다.

초등학교 5학년 친구를 지도할 때 있었던 일이다. 처음 만났을 때

수학을 그리 잘하는 친구는 아니었다. 어떤 날은 쉬운 개념조차 이해하기 어려워했었고, 어떤 날은 이렇게 잘하는 아이였었나 할 정도로 뛰어났다. 시간이 갈수록 고개를 갸웃거리는 경우가 생겼다. 아이는 학습에 대한 감정 기복이 심한 편이었다. 그때부터 지식 전달의 목적보다 감정을 다스리는 것에 집중했다. 아니나 다를까 아이는 꽤 빠른시간을 통해 안정되었고 실력도 눈에 띄게 좋아지고 있었다.

그러던 어느 날, 어머님과 상담하게 되었다.

"우리 딸아이는 요즘 어떤가요? "

"처음에는 종종 힘들어했는데 요즘에는 많이 좋아졌어요~"

"에이~ 그럴리가요~"

엄마의 반응에 처음에는 잘못 들은 줄 알고, 다시 말씀드렸다.

"우리 예슬(가명)이가 학습에 대한 감정 기복이 좀 심한 편이었어요. 거기에 포인트를 잡고 마인드컨트롤에 집중해서 지도했더니 기복도 좋아지고 실력도 좋아졌어요. 공부 못하는 것을 죄라고 생각을 하더라구요. 공부 못하는 건 죄가 아니잖아요~ 그쵸~?! 어머님~"

"어머 무슨 말씀이세요. 선생님! 공부 못하는 건 죄죠~ 전 평상시에 거의 매일 애들한테 그렇게 말하는데요!"

 순간 멍해졌다.
'밑 빠진 독에 물을 붓고 있었구나'라는 생각이 먼저 들었고 아이들이 안쓰러웠다.
몇 초가 지나서 정신을 차리고 엄마와 교육개념보다는 설득에 가까운 상담을 이어갔다. 물론 잠깐의 상담으로 엄마의 마음과 가치관이 바뀔 리 없다.
하지만 포기하지 않고 수업 후 어머님을 볼 때마다 얘기했다. 떨어지는 물방울에 바위도 뚫린다고 하지 않는가.
그렇게 1년 정도 지나고 어머님도 아이도 바뀌어 가고 있음이 눈에 보였다. 우울감이 항상 있었던 아이는 밝아졌고 실력도 안정적으로 향상되었고, 어머님의 언어도 바뀌어 갔다. 어머님의 언어가 바뀌니 아이가 가장 먼저 밝아졌고, 진로 얘기도 즐겁게 먼저 꺼내며 함께 고민하는 사이가 되었다.
이렇게 말 한마디는 칼이 될 수도 있고, 날개가 될 수도 있다. 아이의 마음은 여전히 무르익지 않은 진흙과 같아서 어떤 말이든 깊게 자국을 남긴다.
"넌 왜 맨날 그러니?"라는 말은 아이 스스로 '문제아'라고 정의하게 한다. 반면 "괜찮아, 누구나 실수할 수 있어. 다시 함께 해 보자"는 말은 아이에게 다시 도전할 수 있는 용기를 준다.

아이가 실수했을 때, 실패했을 때, 무너졌을 때, 그 순간 부모가 어떤 말을 하느냐에 따라 아이는 다시 일어설 수도 있고, 주저앉을 수도 있다.

성공한 사람들의 인터뷰에서 자주 등장하는 장면이 있다.

"어릴 때 어머니께서 항상 말씀하셨어요. 넌 뭐든지 해낼 수 있는 아이라고요."

이러한 말 한마디가 성공으로 이끄는 관문의 가장 중요한 열쇠가 된다.

반대로, "아무리 잘해도 부모님은 칭찬하지 않으셨어요. 항상 더 잘하라고 하셨죠."라고 말을 듣고 자란 아이는 자신감 부족으로 학습뿐만 아니라 사회생활에서도 어려움을 겪는다. 그 말이 살아가는 데 자기 자신을 믿지 못하게 만들기 때문이다.

부모가 아이에게 줄 수 있는 가장 강력한 유산은 재산도, 명문 학교도 아니다.

바로 "너는 괜찮은 사람이야", "너는 사랑받을 자격이 있어", "실패해도 괜찮아"라는 말이다. 이러한 말들은 아이의 마음에 깊이 뿌리내리고, 삶의 여러 폭풍 속에서도 쓰러지지 않는 강한 나무로 성장하게 한다.

매일 쏟아내는 수많은 말 들 중 단 한 문장이 아이의 삶을 밝히는 등불이 될 수 있다. 그리고 그 등불은 어두운 길에서도 아이를 지켜주는 가장 소중한 빛이 되어줄 것이다.

아이의 진짜 경쟁력은 성적이 아니다

"성적이 좋아야 좋은 대학, 좋은 직장을 가지! 성적이 경쟁력이야."

이 말은 수많은 부모의 입에서 아주 자연스럽게 흘러나오는 말이다. 나 역시 그런 말을 의심 없이 믿었었던 때가 있었다. 당연한 것처럼 내 아이와 내 제자도 이 말처럼 지도했었다.

나는 오랜 시간 동안 사교육 현장에서 아이들을 가르쳐 왔다. 유·초등부터 고등까지, 수학이라는 과목을 중심으로 아이들과 수많은 시간을 보내며 많은 부모님과 상담하고, 아이들의 성장과 갈등을 가까이서 지켜봤다. 그리고 그 시간 속에서 나는 많은 시행착오를 겪었다. 셀 수 없이 많은 사례를 접하며 한 가지 진실을 깨달았다.

아이의 진짜 경쟁력은 성적이 아니다.

어쩌면 이 문장을, 나처럼 사교육에 몸담고 있는 사람이 이야기한다는 것에 의아함을 느낄지도 모른다. 성적을 올려주기 위해, 더 좋은 학교에 보내기 위해, 더 높은 성적을 만들기 위해 부모님들이 보내시는 학원에서, 과외 현장에서 일하는 나 같은 사람이 그런 이야기를 하는 것이 앞뒤가 맞지 않게 들릴 수도 있다.

하지만, 누구보다 가까이에서 아이들을 관찰한 사람으로서 감히 말할 수 있다. 성적은 중요할 수 있지만, 그것이 '전부'인 순간부터 아이는 무너진다. 성적은 도구이지 목적이 아니며, 경쟁력은 성적이 아니라 그 아이만의 고유한 색깔과 지속 가능성에서 온다.

매년 수많은 아이를 만난다. 상위권에 드는 성적을 자랑하는 아이들도 있고, 하위권에서 무기력하게 방황하는 아이들도 있다. 흥미로운 점은, 성적이 높은 아이가 반드시 미래에도 잘되는 건 아니라는 사실이다. 오히려 어느 순간 무너지는 경우도 많다.

'잘하는 아이'는 문제를 잘 풀고 시험을 잘 치른다. 그러나 '단단한 아이'는 실수해도 무너지지 않고, 실패해도 다시 일어난다. 내가 보아온 진짜 경쟁력 있는 아이는 후자다. 단단함은 성실함과 태도, 자존감, 그리고 무엇보다 자신을 이해하는 데서 비롯된다.

이 단단함을 키우는 건 학원이 아니라, 일상이다. 가족과의 관계, 친구와의 관계, 실패를 대하는 방식, 목표를 세우고 이를 이루기 위해 끈질기게 노력해본 경험들이 아이를 진짜 강하게 만든다.

요즘 많은 아이는 '시켜서 하는 공부'에 익숙하다. 학원에서 시키는 대로, 부모가 정해준 대로. 스케줄도, 공부량도, 방식도 대부분 외부에서 주어진다.

이런 방식은 단기적으로는 성적을 올릴 수 있지만, 장기적으로는 자율성과 창의성을 갉아먹는다. 대학에 가서도 누가 시켜주지 않으면 공부하지 못하는 아이들, 사회에 나가서도 지시가 없으면 스스로 판단하지 못하는 사람들이 많아지는 이유다.

아이에게 진짜 경쟁력을 주고 싶다면, 자기 주도적인 삶을 설계할 수 있도록 도와줘야 한다. 자신이 어떤 공부를 왜 해야 하는지 스스로 생각하게 하고, 계획을 세워보게 하고, 결과를 돌아보게 해야 한다. 실수와 실패도 경험하게 하고 그 속에서 배우게 해야 한다.

물론 쉽지 않다는 것을 누구보다도 잘 알고 있다. 시간도 오래 걸린다는 것도 잘 알고 있다. 그렇다고 시도조차 해보지 않는다는 것은 무책임이라고 감히 말하고 싶다. 아이들은 어른들의 생각보다 훨씬 더 큰 능력이 누구에게나 있다는 점을 간과해서는 안 된다.

많은 부모님이 자녀를 위해 최선을 다한다. 그 진심은 말하지 않아도 느껴진다. 문제는 그 시선이 종종 성적에만 고정되어 있다는 점이다.

"저번에 90점 맞았는데 왜 이번에도 90점이니?"

"옆집 누구는 벌써 선행 끝냈다는데…"

"이 성적으로 좋은 대학 가겠어?"

이런 말들이 반복되면, 아이는 어느 순간 '나는 성적으로만 존재하는 사람'이라는 착각에 빠진다. 스스로 점수로 평가하고 남과의 비교

속에서 자존감을 잃는다. 심지어 성적이 오를수록 더 불안해하는 아이도 있다.

부모의 시선이 바뀌어야 한다. 점수가 아니라, 아이의 학습 과정에 주목해줘야 한다. 얼마나 노력했는지, 어떤 성장을 했는지, 어떤 부분에서 실수가 있었는지, 그리고 그걸 어떻게 받아들이고 있는지를 함께 이야기해줘야 한다. 그 과정에서 부모의 역할은 너무나도 크다.

알고 있지만 쉽지 않다는 것에 지레 겁먹고 외면하는 경우도 종종 있다. 부모도 부모가 처음이라는 것을 인지하고 아이와 함께 시행착오를 겪을 각오라면 쉬운 일이 될 것이다.

사교육 현장에 있는 나는 아이들의 성적을 올려주는 것에 있어 일정 부분 책임을 느낀다. 당연히 최선을 다해 지도하고, 효과적인 학습법을 찾고, 아이에게 맞는 피드백을 제공한다.

하지만 솔직히 말하자면 꽤 많은 경우 성적의 상승이 아이의 본질적인 성장과는 무관한 경우도 많다. 단기적으로는 문제 풀이 요령과 스킬로 점수를 올릴 수 있다. 그러나 그것은 마치 성형수술과 같다. 겉모습은 달라지지만 내면은 바뀌지 않는다.

나는 점점 더 '좋은 강사'가 되기보다 '좋은 어른'이 되기를 꿈꾸게 되었다. 성적이 아닌, 아이의 가능성과 방향에 대해 이야기해 줄 수 있는 사람. 점수를 올려주는 사람보다, 스스로 공부하고 삶을 계획할 수 있도록 길잡이 역할을 해 주는 사람. 의지할 곳이 없는 아이들의 비빌 언덕이 되려고 노력했다.

아이의 경쟁력은 자신에 대한 이해에서 출발한다. 자신의 감정, 강점, 약점, 관심사, 가치를 아는 아이는 어떤 상황에서도 흔들리지 않는다. 성적이 조금 낮아도 원하는 방향을 알고 있는 아이는 결국 길을 만들어낸다.

  우리는 아이들이 스스로 원하는 인생을 살아가도록 도와줘야 한다. 그게 진짜 성공이다. 아이들이 자신을 알고 스스로 선택하며 주도적으로 살아가는 것이 성적보다 더 중요하고 꼭 갖춰야 할 진짜 능력이다. 그리고 그것은 어른들이 아이를 대하는 방식에서 시작된다.

행복한 아이가 더 잘 성장하는 이유

"행복한 아이가 더 잘 자라고, 더 잘 배운다."는 말은 단순한 말이 아니다. 최근의 심리학과 뇌 과학 연구들은 '행복'이라는 감정이 아이의 인지적, 사회적, 정서적 발달에 얼마나 중요한지를 명확하게 보여준다. 행복은 단순한 기분 좋은 상태를 넘어, 아이의 뇌 발달, 학습 능력, 인간관계 형성, 장기적으로는 어른이 되었을 때의 성공까지 미치는 핵심 요인이다.

아이의 뇌는 유연하고 빠르게 발달한다. 특히 전두엽은 감정 조절, 의사 결정, 주의 집중 등의 사고를 담당하는데, 정서적 안정이 있을 때 가장 잘 자란다.

행복한 감정은 뇌에서 도파민, 세로토닌 같은 긍정적인 신경전달물질의 분비를 촉진한다. 이는 학습 능력을 향상시키고 창의력을 높인다.

반대로 스트레스와 불안은 '스트레스 호르몬'이라 불리는 코르티솔 수치를 높여 집중력과 기억력을 저하시켜 뇌 발달에 부정적인 영향을 줄 수 있다.

많은 부모는 아이가 잘 되기를 바란다. 그러한 부모의 입장을 보자면 학습에 직접적인 영향을 줄 수 있는 뇌 발달과 감정 연결의 중요성은 좋은 대학, 좋은 직장, 남부럽지 않은 삶으로 연결된다는 점을 중요시 생각할 것이다.

하지만, 그 '잘됨'이 과연 행복과 연결되어 있을까?

그리고 아이가 행복한 상태에서 자라는 것, 그것이 왜 중요한 걸까?

아주 중요하다. 행복한 아이가 더 잘 성장하기 때문이다. 그리고 행복은 결과가 아니라 성장의 조건이다. 성장이라는 건 단순히 키가 크고 몸이 자라는 것만 의미하지 않는다. 정서적, 인지적, 사회적, 관계적 성장이 함께 이루어져야 진짜 성숙한 사람으로 자란다. 그런데 이 성장의 바탕에는 반드시 있어야 할 한 가지 요소가 있다. 바로 심리적 안정감과 행복감이다.

행복한 아이는 실수해도 다시 시도할 여유가 있다. 배움 자체를 즐길 줄 알기 때문에, 그 과정에서 더 많이 받아들이고, 더 깊이 이해하며, 더 멀리 나아간다. 학습을 두려움이 아닌 탐험으로 받아들여 실패를 두려워하기보다는 도전을 즐기게 된다. 이러한 자세가 결국 자기 주도적 학습 태도를 형성하게 한다.

행복한 감정은 자기효능감과도 밀접한 관련이 있는 것이다.

반대로 불안하고 스트레스를 받는 아이는 늘 '생존 모드'로 살아간다.

"틀리면 어떡하지"

"엄마가 실망할 거야"

"이걸 못하면 나는 쓸모없는 아이야"

이런 생각을 가진 아이는 새로운 것을 배우는 데 두려움을 느낀다. 도전 대신 회피를 선택하고, 실패를 감추려 하고, 완벽함에 집착한다. 외적으로는 열심히 하는 것처럼 보일 수 있지만, 내면은 늘 불안정하다. 그런 상태에서는 진짜 성장은 어렵다.

시험 하나에 무너지고, 친구 말 한마디에 상처받고, 미래에 대해 기대보다 두려움을 먼저 갖는다.

하지만 행복한 아이는 다르다. 실패해도 '이건 과정일 뿐이야'라고 생각할 수 있고, 다른 사람의 말에 휘둘리기보단 스스로 감정을 믿는다.

행복은 선택의 문제가 아니라, 성장을 위한 필수 조건이다.

행복은 지능보다 더 중요한 자산이다. 아이들을 지도하다 보면 영재성이 보일 정도로 똑똑하지만 쉽게 포기하거나 감정 조절이 어려운 아이는 기대만큼 성장하지 못한 경우가 많다.

하지만 지능은 높지 않아도 긍정적인 태도를 유지하며 사람들과 관계를 잘 맺는 아이는 놀라울 정도의 성장을 보여준다. 이것이 EQ의 힘이다.

EQ^{Emotional Intelligence}, 즉 감성지능은 자신과 타인의 감정을 인식하고 조절하며 감정을 바탕으로 사고하고 행동할 수 있는 능력을 말한다. 단지 감정컨트롤의 기술이 아니다. 이 힘이 있을 때 아이는 쉽게 흔들리지 않고 지속가능한 행복감을 느낄 수 있다. 행복한 아이는 갈등 상황에서도 자신을 지킬 줄 알고 협동해야 할 때는 함께 할 줄 알며 실패했을 때 자신을 위로할 줄 안다.

행복한 아이는 타인과의 관계에서도 긍정적인 태도를 보인다. 공감하는 능력은 어릴 때부터 길러져야 하는 중요한 사회적 기술이다. 부모와의 따뜻한 관계, 선생님과의 긍정적인 상호작용, 친구와의 유쾌한 경험들. 이런 관계는 아이에게 말로 설명할 수 없는 힘을 준다. '나는 사랑받는 존재다'라는 감각은 결국 삶을 살아가는 데 필요한 정서적 면역력을 키운다.

반면, 늘 부정적인 감정에 사로잡힌 아이는 혼자라고 느낀다. 자기의 감정을 말하지 못하고, 늘 긴장 속에 살아간다. 이런 아이는 성실해 보일 수 있지만 사실 속은 쉽게 무너질 준비가 되어 있다.

행복은 혼자 만들어지지 않는다. 그리고 아이의 행복은 부모의 말투와 표정, 반응 하나에서 시작된다. 아이를 행복하게 만들기 위해 부모나 교사, 사회가 노력하는 것은 단지 아이가 웃는 모습을 보기 위함만이 아니다. 아이의 삶 전체를 풍요롭게 만들고, 미래를 위한 탄탄한 기반을 마련하는 일이다.

그렇다면 아이를 행복하게 만드는 방법은 무엇일까?

아이를 있는 그대로 받아들이고 존중하는 것에서 출발한다. 과도한 물질적 보상이나 억지 긍정은 아무런 효과가 없을 것이다. 안정적인 애착관계, 공감과 수용적인 태도, 실패해도 괜찮다는 메시지 전달부터 시작했으면 한다. 단, 말이 아닌 진짜 마음을 표현해야 한다.

부모가 행복해야 아이도 행복하다.

부모의 억지웃음은 아이가 제일 잘 안다. 아이에게는 부모의 감정을 민감하게 감지하는 센서가 있는 것 같다. 부모에 대한 사랑에서 비롯되었을 것이다.

해바라기가 해를 보며 자라듯 부모만 바라보는 아이에게 "괜찮아"라는 말 한마디의 힘과 부모의 진짜 행복이 최고의 선물이 될 것이다.

부모의 불안이 아이에게 전이되는 과정

아이를 키운다는 것은 육아책의 설명으로 이해할 수 없는 일들의 연속이다. 단순히 몸만 살펴야 하는 것이 아니기 때문이다. 좀 전까지 잘 웃던 아이가 갑자기 울기도 하고, 시험 점수 하나에도 세상을 잃은 듯 좌절하기도 한다. 이처럼 아이의 감정과 행동은 때때로 급격하게 변하고 그 원인을 파악하는 일이 쉽지 않다.

그런데 많은 경우, 아이의 문제라고 여기고 넘어가거나 심한 경우에는 심리치료를 받기도 한다. 하지만 그 뒤편에는 부모의 불안이 원인인 경우도 많다.

"부모가 불안하면 아이도 불안하다.", "아이는 부모의 거울이다." 라는 말을 종종 듣는다. 정서적인 면에서 부모의 영향을 많이 받는다는 대표적인 말이다. 부모의 불안은 생각보다 쉽게, 조용히 전이되기 때문에 모르고 지나가는 경우가 많다.

아이들은 말로 표현하지 않아도 부모의 정서를 민감하게 감지한다. 부모의 표정, 말투, 몸짓 등을 통해 분위기가 고스란히 드러난다. 이런 비언어적 단서는 아이들에게는 매우 강력한 신호이다. 놓치고 넘어가는 경우가 많고, 부모 입장에서는 별것 아니라고 생각하는 것들이 아이에게는 재앙과 같이 느낄 수도 있는 것이다.

1개 틀린 단원평가 시험지를 내밀며 아쉬워하는 아이에게 "와~~1개밖에 안 틀렸구나, 정말 잘했어!! 긴장됐을 텐데, 대단하다"말 해준다면 아이는 어깨가 으쓱 올라갈 정도로 기분이 좋았을 것이다. 하지만 같은 말을 해도 부모의 표정, 억양에 따라 불안을 느끼는 경우도 있다. 이런 경우 종종 부모는 억울하다고 한다. 분명 칭찬해 주었는데 아이가 왜 불안해하는지 모르겠다고 물어올 때가 있다. 그럴 때마다 난 몇 마디 질문을 통해 부모의 불안이 아이에게 전달되었음을 자각하게 한다.

불안은 인간의 본능적인 감정이다. 특히 부모라면 아이의 미래에 대한 걱정은 자연스러운 현상이다. 문제는 그 불안이 클수록, 부모는 아이를 통제하고 싶은 욕구가 생긴다는 것이다.

"네가 지금 놀면 나중에 후회해"

"그렇게 하면 가고 싶은 대학 가는 것은 불가능해!"

"지금 이렇게 많이 놀면 나중에 힘들어질 거야"

이런 말들은 겉으로는 충고처럼 보이지만, 사실은 부모 자신의 불안감이 드러난 말인 경우가 많다. 아이를 위해서가 아니라, 부모 자신의 마음이 편해지기 위해 아이를 통제하는 말들이다.

이런 말을 듣거나 분위기를 느끼는 아이는 '내가 뭔가 잘못하고 있나?', '나는 늘 부족한가?' 하는 감정을 느끼며 자존감이 낮은 아이가 될 것이다.

결국, 자기 결정권보다 부모의 감정에 민감하게 반응하는 '눈치 보는 아이'가 되어간다.

부모의 불안은 종종 '보호'라는 이름으로 포장된다.

"요즘 세상이 얼마나 위험한데, 애 혼자 어떻게…."

"우리 아이는 아직 혼자 아무것도 못 해!"

이런 걱정이 반복되면 아이는 스스로 아무것도 못 하는 존재로 인식하게 된다. 보호받아야만 하는 존재, 스스로 아무것도 할 수 없다는 무력감이 자리 잡게 된다.

초등학교 5학년이 되도 혼자서는 횡단보도도 엘리베이터도 못 타는 아이가 있는 반면 가벼운 심부름 정도는 혼자서도 하는 유치원생도 있다. 이 두 아이의 차이는 부모의 불안에서 비롯된 것이란 생각을 하게 되는 경우가 많다. 아이는 처음부터 잘 할 수 있는 것이 아니다. 부모가 어떻게 하느냐가 다른 것이다. 부모의 불안 정도와 그 불안 감정조절능력의 차이일 것이다.

부모가 불안한 상황에서도 자기 감정을 잘 조절하고 표현한다면, 아이는 "불안은 있어도 괜찮고, 이겨낼 수 있는 감정이구나"라고 배운다.

부모가 불안하면 아이는 그 감정을 달래주거나 충족시켜야 함을 느낀다. 그러다 보면 부모와의 관계는 안정적인 애착이 아니라 기능적인 역할관계로 변할 수 있다.

"엄마가 걱정하지 않게 열심히 해야 해"

"아빠가 실망하지 않도록 항상 잘해야 해"

이런 마음으로 아이는 스스로 채찍질하고, 부모의 감정을 책임지려 한다. 겉으로는 부모 말을 잘 듣고 문제없어 보일 수 있지만, 내면에는 억압과 두려움이 쌓인다. 부모가 기분이 좋을 땐 편안하고, 부모가 예민해지면 긴장하는 아이는 우울, 불안장애, 완벽주의로 이어질 가능성이 있다.

아이들은 불안을 말로 표현하지 못할 때는 행동으로 나타난다. 자주 배가 아프다고 하거나 잠을 못 자기도 한다. 과도한 떼쓰기를 하기도 하고 분리불안증세가 나타나기도 한다.

단순한 성격 문제나 외부의 스트레스가 원인이 아닌 아이 내면의 정리되지 못한 불안이 행동으로 표현되고 있는 것일 수 있다.

'혹시 내가 불안한 마음으로 아이를 대하고 있는 것은 아닐까?'

이 생각이 들었다면 부모인 나의 정서 상태를 점검이 시작된 것이다. 점검을 시작했다면 나의 불안을 들려다 보고 돌보는 것이 가장 먼저 할 일이다.

부모의 불안이 아이에게 전이된다는 사실을 부모 스스로가 자각하는 것이다. 우리는 완벽한 부모가 될 수 없지만, 불안한 부모가 되는 것을 인정하고 그 불안을 조절할 수는 있다.

내가 왜 불안한지, 무엇이 나를 이렇게 만들었는지, 아이의 어떤 행동이 내 불안을 자극하는지 스스로 묻는 시간은 매우 중요하다.

불안은 결코 부모의 잘못이 아니다. 누구나 불안을 느끼며 살아간다. 다만, 나도 모르게 아이의 정서에 영향을 준다면 우리는 그 감정에서 깨어 있어야 한다.

완벽한 부모가 되려는 노력보다 감정을 조절하려는 부모의 태도가 아이에게 훨씬 더 큰 힘이 된다. 부모가 자신을 돌볼 때, 아이도 스스로 돌보는 법을 배운다.

부모가 아이의 튼튼한 비빌 언덕이 되어줄 때 아이는 스스로 큰 산이 될 수 있다.

장기적 성공을 위한 비인지적 능력의 중요성

현대 사회에서 성공의 정의는 점차 다변화되고 있다. 과거에는 높은 학업성적이나 뛰어난 지적 능력이 성공의 주요 척도로 여겨졌지만, 최근에는 인지적 능력만큼이나 비인지적 능력의 중요성이 부각되고 있다.

비인지적 능력Non-cognitive skills은 지능지수(IQ)나 학업 성취도 같은 전통적인 인지 능력 외에 다양한 심리적, 정서적, 사회적 능력을 의미한다. 구체적으로 자기통제력, 책임감, 성실성, 인내심, 자기동기화, 공감, 자기효능감 등이 있다.

이런 능력들은 교과 성적표에는 나타나지 않지만, 아이가 성장하면서 인생의 여러 도전에 적응하고, 사회적 관계를 유지하며 장기적인 목표를 성취해 나가는 데 중요한 역할을 한다. 측정하기 어렵고 눈에 띄는 성과로 바로 나타나지 않기 때문에 부모 입장에서 간과하기 쉽다.

'마시멜로 실험'에 대한 얘기는 많이 접해서 아는 부모가 많을 것이라 생각한다. 아이에게 마시멜로 한 개를 먹지 않고 기다리면 15분 뒤에 부모가 와서 두 개를 주겠다고 하고 아이의 행동을 지켜보는 실험이다. 이 실험에서 기다릴 수 있었던 아이들은 수년 후에도 더 높은 학업 성취도와 낮은 범죄율, 더 나은 사회적 적응력을 보였다고 한다.

이는 자기통제력과 같은 비인지적 능력이 장기적인 성공에 영향을 미친다는 것을 보여준다. 학업도 마찬가지다. 아이가 집중력을 유지하고, 과제를 끝까지 수행하며, 실패했을 때 다시 도전할 수 있는 끈기, 역시 좋은 성적을 받는데 필수적인 요소이다. 학교는 단순한 지식 전달만을 위한 공간이 아니다. 아이가 자신의 감정을 조절하며 타인과 협력해서 주어진 것을 수행함으로 얻게 되는 것들은 성적 이상의 성과로 이루는 곳이다. 물론 그 작은 시작은 부모로부터 시작한다고 생각한다.

아이들을 가르치며 겪게 되는 상황 중 자주 쓰는 말이 있다.

"머리 믿고 까불지 마라!"

"성실한 사람이 공부를 잘해야 정당한 것 아니겠니!"

초등학생들은 비교적 똑똑한 아이가 공부도 잘한다. 이해력 차이를 무시할 수가 없다. 하지만 중학생, 고등학생을 지도하다 보면 성실하고, 포기하지 않고 끝까지 하는 아이가 성적이 오른다. 그리고 그 오르는 성적도 성실하고 꾸준히 준비하는 아이들은 안정적으로 올라간다.

지적 능력이 조금 뒤처지거나 어릴 때의 배경지식이 부족한 아이가 있다. 중학생이어도 이해력, 문제해결력, 응용력이 눈에 띄게 부족한 편이다. 그런데 그중에서도 비인지적 능력이 비교적 발달된 아이는 실패해도 오뚝이처럼 다시 도전해서 학업 성과가 조금씩 좋아진다.

최근에 비슷한 수준의 두 아이를 지도한 적이 있는데 그 두 아이가 시험점수가 좋지 못했다. 부모의 태도에서 두 아이의 결과는 정반대였다.

한 아이의 부모는 아이의 선택에 맡기고 응원하며 기다리겠다고 했다. 그 부모의 아이는 큰 흔들림 없이 다음 시험을 위해 조금씩 더 노력하고 문제를 풀며 실패해도 다시 풀기를 반복해서 조금씩 향상되는 모습은 보여줬다.

다른 아이는 학원을 그만 보내겠다는 부모의 통보 문자를 받았다. 학원이야 소비자의 권리로 언제든 그만둘 수는 있다. 며칠이 지나 그 아이가 커피를 사 들고 학원으로 들어왔다. 그 아이의 말이 참 마음 아팠다.

"선생님, 저 너무 다니고 싶은데 엄마가 안 된대요. 다시 하면 이번에는 성적 올릴 수 있는데... 무조건 다른 학원으로 가라고 해서... 선생님 보고 싶을 때 와도 돼요?"

성적 부진의 원인이 학원인 경우도 있다. 하지만 학원의 능력보다는 아이와 담당선생님의 신뢰감, 호흡이 더 중요하다. 그러한 것들은 첫눈에 반하듯 바로 생기기도, 시간이 지나면 생기기도 한다.

그날, 그 아이를 보내고 며칠 동안 마음이 너무 무거웠다. 문득 '이 아이에게 필요한 것이 무엇일까?' 생각하다 아이보다 '부모가 갖춰야 할 것이 부족한 것은 아닐까?'.

생각의 흐름은 부모의 역할이 얼마나 중요한 지 나열하고 있었다.

아이의 비인지적 능력은 타고나는 것이 아니라 훈련과 경험을 통해 길러질 수 있는 능력이다. 유년기부터 청소년기까지가 이 능력을 기르기에 가장 적합한 시기라고 할 수 있다. 그렇다면 부모가 어떻게 도울 수 있을까?

아이의 감정을 억누르기보다는 아이가 감정을 말로 표현할 수 있도록 대화하고 스스로 조절하는 방법을 알려주면 좋다. 수많은 경우를 이해하려 하고 그 경우에 맞는 다양한 방법들로 훈련을 하는 것이다.

무엇이든 해 주려 하지 말고 답답하더라도 기다려주며 아이가 스스로 도전과 실패를 경험할 수 있게 해야 한다. 그러다 보면 성공하는 일들이 많아질 것이고 칭찬하는 일들 역시 늘어날 것이다.

칭찬은 결과가 아닌 과정을 칭찬하는 연습도 필요하다.

"포기하지 않고 다시 해보려는 모습이 너무 멋져!"

"끝까지 해낸 게 정말 대단해!"

자기효능감을 키우는 데 이만한 말은 없을 것이다.

가정에서 일정한 습관과 규칙은 자기통제력을 기르는 데 도움이 된다. 상황에 따라 자주 변하는 규칙이나 필요 이상의 지나친 통제는 역효과가 날 수 있다. 가정마다 부모의 가치관과 성격이 다르듯이 각 가정의 문화 역시 다르기 때문에 습관이나 규칙은 온 가족이 서로 의논하며 정해도 좋을 듯하다.

또래 친구와의 놀이, 조별 활동들은 사회성 발달에 효과적이다. 아이가 다양한 사람과 어울리고 협력하는 경험은 공감 능력과 의사소통 능력을 익힐 수 있게 해 줄 것이다. 가정에서도 가족의 역할 분담을 통해 배울 수 있는 능력들이니 부모의 역할이 중요하다.

아이의 성공을 바라지 않는 부모가 어디 있겠는가. 진정한 성공을 위해서는 성적이나 머리 좋은 것만으로는 부족하다. 스스로 감정을 다스릴 줄 알고, 힘든 순간도 잘 견디고 나아갈 줄 아는 비인지적 능력이 몸과 마음을 튼튼하게 해서 흔들림 없는 단단한 성공을 할 수 있을 것이다.

아이가 장기적으로 성공적인 삶을 살아가기 위해서 비인지적 능력을 키우는 것에 부모와 교사, 나아가 사회 전체가 중요성을 인식하고 능력 개발에 힘써야 할 때다.

현대 교육환경에서 변화하는 부모의 역할

　세상이 너무 빠르게 변하고 있다. 기술은 하루가 다르게 발전하고, 사회는 점점 더 복잡해지고 있다. 우리가 어린 시절 알던 안정된 직업군은 더 이상 영원하지 않고, 배워야 할 지식은 매일 새로운 것들이 쏟아진다.

　요즘 아이들은 예전과는 다른 세상에서 살아가고 있다. 언제 어디서나 정보를 찾아볼 수 있고, 배움의 방식도 다양해지고 있다. 이런 시대에 부모가 해야 할 역할은 과거와 같을 수 없다. 단순한 지식 전달하며 어떻게 살아야 하는지를 가르칠 수 없는 시대가 온 것이다.

　부모가 변화하지 않으면 세상을 알아가기 시작한 아이들은 세상의 변화에 스스로 맞설 힘을 갖기 어렵다.

　과거에는 부모가 학교보다 먼저 세상의 이치를 알려주는 존재였다. 그러나 지금은 인터넷 하나면 세상의 모든 정보를 찾을 수 있는 시대다. 아이들은 부모보다 더 빠르게, 더 다양한 정보를 흡수한다.

이제 부모는 단순한 학습 코치자가 아닌 무엇을 어떻게 배우는지 세심하게 관찰해야 한다. 답을 제시하는 것이 아닌 질문을 통해 해결해 나가는 방법을 알려줘야 한다.

"넌 어떻게 생각해?"

"네가 해보고 싶은 방법은 어떤 거야?"

답을 찾는 과정이 곧 배움이라는 것을 아이 스스로 체감하도록 기다려주는 것이 교육이다. 그 기다림은 쉽지 않다. 조급해지는 마음을 다스려야 하고 아이의 실수를 걱정보다 믿어주는 용기도 필요하다.

예전보다 변화하는 것 중 크게 느껴지는 부모의 변화는 진로에 대한 부모의 자세다. 과거에는 좋은 대학, 좋은 직장이 비교적 명확한 목표였다. 그러나 현재는 기존의 직업군이 많이 변화했고 존재하지 않는 직업이 수없이 생겨날 것이다. 어쩌면 현재는 없는 직업이 우리 아이들로 인해 창조될 것이다.

부모는 정해진 직업에 방향을 제시하는 사람이 아니라 진로를 함께 고민하고 탐색하는 사람이 되어야 한다. 부모 기준의 성공을 강요하는 것이 아닌 아이 스스로 자신의 흥미와 재능을 찾아갈 수 있도록 돕는 것, 아이가 선택한 길에 대한 신뢰감을 느끼게 해주는 것이 중요하다.

물론 두려운 일이다. 조금만 다쳐도 차라리 내가 다친 게 나을 정도인 부모의 마음으로 보자면 실패할까봐, 힘들까봐, 걱정되는 마음은 당연하다. 하지만 그 두려운 마음으로 아이를 가둔다면 아이는 자기 삶을 스스로 선택할 수 있는 힘을 잃게 된다. 아이는 미완성 존재이기에 아직 가능성이 무궁무진한 상태이다. 그 가능성은 부모로부터 자유와 신뢰에서 시작된다.

이런 시대에 부모는 감정적 지지자가 되어야 한다. 어른인 우리에게 비빌 언덕이 필요하듯이 아이에게 부모가 비빌 언덕이 되어야 한다. 우리는 그 비빌 언덕의 힘이 얼마나 중요하고 큰지 경험해 본 적이 있을 것이다. 어쩌면 아이에게 진정한 감정지지자가 되는 것은 생각보다 쉬울지 모른다. 직접적으로나 간접적으로나 무경험자보다 유경험자가 더 많을테니.

"힘내"라는 말보다 힘든 걸 인정하고 이해하려고 하는 연습이 필요하다. 있는 그대로 아이를 인정해주는 태도가 필요하다. 결과보다 과정에 진심으로 관심을 갖다 보면 아이들은 부모가 자신을 가장 먼저 이해해주는 사람으로 알게 될 것이다. 마음이 움직이다 보면 태도로 나타날 것이다. 부모도 모든 상황이 처음이니 연습이 필요한 것이지 안 되는 것은 아니니 지금부터 해보시길 바란다.

학부모교육을 진행하다 보면 꼭 듣는 질문 중 한 가지가 휴대폰으로 인한 마찰이다. 휴대폰 사용시간은 집집마다 다르고 옆집아이가 내 아이보다 조금 덜 사용하면 당장에 내 아이 휴대폰 사용시간을 어떻게 줄여야 하나 고민한다. 우리 아이들은 디지털 세상 속에서 산다. SNS와 유튜브는 친구보다 가까운 존재이고 인플루언서, 셀럽, 크리

에이터와 같은 말들은 한글보다 더 쉽게 익힌다. 어른인 우리도 디지털 세계에서 무엇을 선택하고 무엇을 걸러야 할지 길을 잃고 헤맨다. 아이들은 더 헤매일 것이 분명하다.

무조건 막을 것이 아니고 아이가 분별할 수 있는 힘을 가질 수 있도록 함께 이야기해야 한다. 올바른 기준을 세우고 단순한 통제가 아니라 기준의 필요성도 함께 얘기하고 부모 자신도 책임감 있는 사용자가 되어야 한다.

부모는 하염없이 휴대폰을 보며 아이의 사용시간은 제한하고 있는 모습이 제일 우스운 상황이다. 부모는 휴대폰게임, 컴퓨터게임을 하며 아이에게는 게임 중독 걸리니 책을 보라고 한다. 내가 봤을 때 부모가 이미 중독이 된 것 같다.

부모도 아이도 무조건 하지 말라는 얘기가 아니다. 아이가 휴대폰을 하다 가도 스스로 내려 놓고 할 일을 할 줄 안다면 괜찮은 것 아닌가. 뭐든 하지 말라고 할수록 더 하고 싶은 것이 사람의 마음이다.

아이가 유혹에 흔들리지 않고 분별할 수 있는 힘, 제어할 수 있는 힘을 가지려면 그런 모습을 부모가 보여주어야 한다. 말보다 행동이 가장 영향력 있는 방법이다. 부모의 행동이 절실히 필요한 순간인 것이다.

이렇게 아이는 듣는 것보다 보는 것을 다 잘 배운다.

부모가 새로운 것에 도전하는 모습, 실수해도 다시 해보려고 하는 모습을 보여준다면 아이는 자연스럽게 그것들을 당연한 것으로 받아들일 것이다.

"배움은 끝이 없다."는 말을 그야말로 말로만 가르치기보다 있는 그대로 보여주는 것이 훨씬 효과적이다. 모르는 것을 부끄러워하지 않고, 배우는 것을 즐기는 것을 보고 자란 아이는 스스로 문제해결을 해가며 성장할 것이다.

"엄마는 이제 늙어서 안 돼"

"아빠가 나이가 몇인데, 이제 못해"

이런 말을 수시로 듣는 아이는 어느 날, "우리 엄마, 아빠는 늙어서 그런 것 못한데요"라는 말을 자연스레 하게 되고 본인도 언젠가는 못하게 될 것이라고 단정 짓게 된다.

변화는 늘 두렵다. 어렸을 때, 젊었을때에 비해 변화하는 모든 상황에 따라가기가 벅차고 무섭기도 할 것이다. 우리는 완벽한 부모가 되기 어렵다. 하지만 끊임없이 배우며, 변화를 받아들이고, 성장을 두려워하지 않는다면 아이에게 좋은 부모가 되기에 충분하다.

과잉 교육열의 함정과 그 영향

아이를 잘 키우고 싶은 마음은 모든 부모의 자연스러운 마음일 것이다. 잘 키운다는 기준이 모두 다를 뿐이다. 아이를 좋은 학교, 좋은 직장, 좋은 삶의 길로 걷게 하고 싶은 마음은 부모의 본능에 가깝다.

하지만 그 마음이 아이를 위한 것인지, 부모를 위한 것인지 모호해지기 시작하는 경우를 접한다. 부모가 자랄 때도 경험한 경우가 있을 것이다. 부모의 대리만족으로 사는 게 아닌가 하는 경우가 본인 또는 주변 친구들을 통해 겪었을 것이다. 잘못된 것인 줄 알면서도 대를 잇는 것처럼 지금도 같은 경우가 반복되고 있다.

과잉 교육열은 부모의 사랑과 불안이 섞인 결과물이다. 치열한 경쟁에서 뒤처지지 않게 해주고 싶은 마음이 지나칠 때 아이들은 자기만의 속도와 방향을 잃어버린다.

이른 새벽부터 밤늦게까지 학교, 학원, 과외에 쫓기며 빽빽한 스케줄표를 채워간다. 요즘 저학년들의 스케줄은 연예인 스케줄같다는 표현을 많이 한다. 요일마다 시간마다 가는 곳이 다르다. 아마 어른들이 같은 스케줄대로 한다면 과연 며칠이나 할 수 있을까 하는 의문이 들 때가 한두 번이 아니다. 남들보다 뒤처지지 않기 위해서 아이들의 일상은 숨 쉴 틈 없이 돌아간다.

"열심히 하면 좋은 대학에 갈 수 있어."

"좋은 대학을 나와야 좋은 직장에 들어갈 수 있어."

"좋은 직장을 들어가야 편하게, 행복하게 살 수 있어."

이런 말은 이미 명확한 진실처럼 여긴다. 진짜 행복은 이게 아닐 수도 있다는 스스로의 질문도 잃어버린 부모를 종종 만나볼 수 있다.
과잉 교육열은 성적과 스펙을 빠르게 높이는 데는 효과적일 수 있다. 하지만 그로 인해 잃는 것이 너무 많다.

가장 먼저, 가장 크게 잃는 것은 아이의 정체성이다. 성적이 원하는 만큼 오르지 않거나 정체됨을 유지하기만 하면 자신을 수치스럽게 여기거나 실패를 용납할 수 없는 마음이 생긴다.

"나는 쓸모 없어."

"나는 부모님이 원하는 모습이 아니야."

이런 생각이 커지기 시작하면 실패를 두려워해서 도전조차 하지 않으려 하고 무기력에 빠진다. 자괴감에 사로잡혀 우울증, 자해 등 여러 가지 현상으로 나타나기도 한다.

또한, 부모와의 관계에도 금이 가기 시작한다. 부모는 사랑을 성취와 연결시키고 아이는 인정받기 위해 끊임없이 성과를 내야 한다고 느끼게 된다.

물론, 부모를 탓할 수만은 없다. 불확실한 미래, 치열한 경쟁사회, 보이지 않지만 다양한 불안 속에서 아이를 지켜주고 싶은 절실함에서 과잉 교육열이 생긴 것이다. 부모의 두려움이 만든 최선의 선택이기도 하다.

하지만 이젠 그냥 흘러가듯이 보고만 있어서는 안 된다.

'정말 아이를 위한 것은 무엇인가?'

'진정한 행복은 무엇인가?'

우리가 함께 또는 각자 생각해 봐야 할 질문이다. 성공은 정해진 틀 안에 억지로 맞추어야 하는 것이 아니라, 각자가 스스로 만들어가야 할 고유한 것이다.

그 고유한 성공을 알려주기 위해 우리가 먼저 배우고 변해야 한다. 먼저 교육의 목표를 재점검해야 한다. 진짜 교육의 목표는 '아이 스스로 살아가는 힘'을 키우는 데 있다. 성적과 입시 성공이 아니라, 문제를 스스로 정의하고 해결하는 능력, 실패해도 다시 도전하는 회복력, 타인과 함께 살아가는 공감능력이야말로 현대사회에서 더 필요하고 중요한 자산이다.

"내 아이가 행복하게 살아갈 수 있도록 무엇을 키워줘야 할까?"

부모는 이 생각을 늘 가지고 있어야 한다. 그래야 실패해도 괜찮다는 표현이 자연스럽게 나올 것이다. '엄친아'라는 말은 들어본 적이 있을 것이다. 주로 엄마들의 티타임때 입방아에 오르내리는 뭐든 잘하는 아이를 뜻하는 말이다. 엄마친구아들의 줄임말로 이 말을 처음 들었을 때 그저 웃어넘겼다. 시간이 지나자 아이들이 한두 명씩 스트레스를 받는 것을 보고 궁금해지기 시작했다. '엄마친구아들은 왜 다 잘하는 것일까?'라는 생각이 들었다.

도대체 그 수많은 '엄친아'는 셀 수 없이 여기저기서 생겨나는 것 같은데 증명할 수는 없다는 것이 웃기기도 하고 아이러니하기도 했다. 혹시 그들이 말하는 '엄친아'는 한 명인데 여기저기서 쓰다 보니 많아진 느낌이 아닌가 싶었다.

아마 성공하는 사람만 인정받는 사회적인 현상의 대표적인 예가 아닐까 싶다. 아이들이 아니라 어른들의 문화에서 생겨난 것이다. 그렇다면 어른들이, 부모들이 아이의 실패를 받아들이는 문화를 만든다면,

"괜찮아, 실패할 수도 있어."

실패했으니 다음엔 더 쉽게 해볼 수 있겠다."

이런 말들을 일상에서 자연스럽게 할 수 있을 것이다. 성공은 많은 실패 끝에 얻어지는 것임을 부모가 보여줘야 한다.
'비교'가 아닌 '존중'의 문화를 가정에서 시작해야 한다.
아이 하나하나의 고유함을 인정해줘야 한다. 아이를 '성적'이나 '성과'가 아니라 존재 자체만으로 사랑하는 것이 중요하다. 아이가 생기고 태어났을 때를 떠올려보면 고개를 끄덕이게 될 것이다. 건강만 하면 그 어떤 것도 필요 없지 않았는가.
과잉 교육열은 쉬이 없어지지 않을 것이다. 경쟁은 여전히 치열하고 사회는 여전히 냉정하다. 하지만 우리 아이의 삶을 숫자로 줄 세우지 않아도 된다는 것을 되새겨야 한다.
성적보다 중요한 것, 사람마다 속도가 다르다는 것, 다른 사람과 비교하지 않아도 된다는 것, 아이 자신을 발견하도록 돕는 것 부모로서 아이에게 진짜로 알려줄 것들을 기억해야 한다.
조급함 대신 기다림으로, 경쟁 대신 존중으로, 통제 대신 신뢰로 아이와 함께 성장하는 것이 과잉 교육열의 시대에 부모가 선택해야 할 가장 현실적인 용기이다.

교육의 진정한 목적 재정립하기

"선생님, 공부는 왜 하는 것이에요?"

"수학은 왜 해야 하나요?"

이런 질문을 받았을 때 나 역시도 뻔한 대답을 했던 기억이 난다.

"좋은 대학 가려면 공부 잘해야 하니까"

"그래야 좋은 직장도 가고 잘 살 수 있으니까"

대답은 했던 그때도 대답하면서 이상함이 느껴졌고 비슷한 질문을 받을 때마다 답답했다. 내가 커 온 현실도 다르지 않았으니 시원한 답변을 못하는 것도 명쾌한 해답이 떠오르지 않는 것도 어쩌면 당연하다고 여겼는지 모른다.

그 시절도 오늘날도 교육의 목표는 '성공'이라고 알고 쫓아가고 있다. 심지어 요즘은 더 심해진 부분도 없지 않다. 유아시기부터 시험 준비를 하고 초등학생 때 익혀야 할 다양한 분야에 중고등학교 시절은 오로지 입시, 점수로 평가받는 우리 아이들의 시간들을 매일 보고 있으면 어쩔 수 없지 하면서도 가끔은 죄를 짓는 기분이 들곤 한다.

교육은 아이들을 더 나은 사람으로 성장시키는 일이다. 자기 자신을 이해하고, 어려운 상황을 지혜롭게 헤쳐 나갈 줄 알며, 타인과 더불어 살아갈 수 있는 존재로 만드는 일.

그런데 현실은 그렇지 않다. 살아남기 위한 무기를 생산하는 것처럼 느껴진다.

교육의 진정한 목적을 무엇일까?

흔히 교육은 좋은 대학을 가기 위한 수단, 더 나아가 안정된 직업과 경제적 성공을 위한 준비 과정으로 여겨진다. 이러한 목표들이 무시할 수 없는 현실이지만 그것들이 교육의 전부라고 생각하는 것은 위험하다고 생각한다.

교육은 아이가 자기 자신을 이해하는 과정이다. 무엇을 좋아하는지, 무엇을 잘하는지, 무엇을 가치 있다고 여기는지 알아가는 것이다. 이러한 것들을 기르다 보면 자기 인생의 방향을 스스로 설정할 수 있는 힘이 길러질 것이다.

책상 앞에 앉아 공부하는 것만이 교육이 아니라 친구와의 갈등 속에서 감정을 조절하고, 자연을 보며 행복함을 느끼며 자신의 실수를 인정하고 다시 도전할 수 있는 용기를 키우는 것이 교육의 본질이다.

진정한 교육은 단순한 정보의 전달이나 기술의 습득보다 더 넓고 깊은 영역을 의미한다. 아이가 '나는 누구인가'라는 질문을 스스로 할 수 있고 그 질문의 답을 찾는 과정이 교육이 가야 하는 방향이다.

우리가 아이에게 바라는 것은 결국 아이가 "행복하게 살 수 있는 힘"을 기르는 것이 아닐까? 그렇다면 부모의 역할은 무엇인지 고민해 봐야 할 중요한 숙제와 같다.

"열심히 해야 된다.", "공부가 제일 중요한 것이다."라는 말은 참 쉽게 한다. 이 말은 자칫 아이가 부모의 꿈을 이루는 수단으로 착각하게 만들 수 있다. 아이는 독립된 존재로 자신의 고유한 빛깔과 가능성을 지닌 하나의 인격체이다. 우리가 해야 할 일은 아이를 조종하거나 밀어붙이는 것이 아니다. 아이 스스로 삶을 그려 나갈 수 있도록 든든한 지지자가 되는 것이다.

부모로서 우리가 해야 할 가장 중요한 일은 아이가 '무엇을 할 수 있는 사람인가'보다 '어떤 사람인가'에 관심을 갖는 것이다. 스스로 동기 부여할 수 있는 사람, 다양한 관점을 수용하고 공감할 줄 아는 사람, 실패를 두려워하지 않고 다시 도전하는 사람으로 자라도록 돕는 것이 진짜 교육이다.

아이는 부모, 교사, 또래친구와의 관계 속에서 배움과 성장을 한다. 그중 부모와의 관계는 아이의 자존감과 정체성을 형성하는 데 결정적인 역할을 한다. 부모는 아이가 실패했을 때, "그 정도밖에 안 했으니 그러지"라는 말보다 "괜찮아, 너라면 충분히 다시 할 수 있어"

라는 말로 아이의 마음을 지켜주는 사람이어야 한다.

결과 중심의 교육에서 과정 중심의 교육으로, 경쟁 중심에서 협력 중심으로 변해야 하며 타인을 이기기 위한 교육이 아니라, 공존하며 살아갈 수 있는 힘을 기르는 교육으로 변화해야 한다.

세상은 점점 더 복잡하고 빠르게 변화할 것이다. 우리 아이들이 살아갈 시대는 지금보다 훨씬 더 불확실하고 예측할 수 없을 것이다. 그렇기 때문에 정답을 맞추는 연습보다 탐색하고 협력하는 태도가 훨씬 중요해질 것이다.

미래를 살아갈 아이들에게 지금까지의 기준을 강요하기보다는 시대에 걸맞는 역량과 가치관을 기를 수 있는 교육이 필요하다. 그러기 위해서 부모인 우리는 교육의 방향을 다시 정의하고 아이들의 삶 그 자체를 중심에 둔 교육을 실천해야 한다.

교육의 진정한 목적은 더 나은 인간, 더 나은 시민, 더 나은 공동체 구성원으로 성장시키는 것이다. 삶의 가치를 배우는 교육, 타인의 고통에 공감하고 함께 더불어 살아가는 법을 익히는 교육이 우리 사회가 간절히 필요로 하는 교육이다.

교육은 아이만 성장시키는 일이 아니다. 아이를 키우는 과정은 부모도 함께 배우고 성장하는 여정이다. 우리 모두 완벽한 부모는 없다. 그러나 언제든 배우고 변화할 수 있다. 아이를 경쟁에 내몰기보다 아이의 속도를 인정하고 기다리는 용기를 가질 때, 아이는 부모의 신뢰 속에서 행복하게 자라날 것이다.

이제는 우리의 시선을 조금씩 바꾸어야 할 때이다. 성적이 아닌 삶을, 점수가 아닌 인성을, 결과가 아닌 과정을 바라보며 사랑과 지지 속에서 성장할 수 있게 도와야 한다.

끊임없이 아이의 삶에 귀 기울이고 함께 고민할 때 진정한 교육이 될 것이다.

우리 가족의 점검 포인트

☐ 아이와의 대화 시간을 정기적으로 갖고 있는가?

☐ 아이의 말을 끝까지 들어주고 있는가?

☐ 과정보다 결과에 집중하고 있지는 않은가?

☐ 다른 아이와 비교하는 말을 하고 있지는 않은가?

제 2 장

실제 노하우와 방법론

아이의 의견 존중, 어디 까지가 적절한가?

　불과 10년 전만 해도 외동인 아이들은 몇 마디 대화만 나누어도 외동인지 알았다. 하지만 요즘은 많은 아이가 외동인 듯한 느낌이 드는 대화를 할 때가 많다. 외동이 아닌데도 말이다. 외동이 모두 그런 것은 아니지만 부모의 사랑을 독차지하다 보니 티가 난다. 바로 가정에서의 의견 존중의 잘못된 결과물이라고 생각된다.
　요즘 교실에서 수업이 원활하게 진행되지 않는 상황 중 제법 빈번히 일어나는 사례이다. 선생님의 설명 도중 아이들이 끼어들어 아이가 하고 싶은 말을 해서 수업이 진행이 원활하지 않다고 한다. 학원에서도 최근 몇 년 동안 자주 겪기도 했다. 다른 아이에게 설명하고 있거나 선생님과의 대화, 학부모와 상담 중이어도 아이들이 와서 아무렇지 않게 말을 한다. 그때마다 아이에게 지금 상황을 인지시키고 기다리라고 말한다. 물론 모든 아이가 다 그런 것은 아니다. 문제의 심각성을 깨닫게 되는 계기가 있었다. 한 아이를 앞에 앉혀 두고 문제 설명을 하고 있었다. 다른 아이가 가까이 오더니 본인 하고 싶은 말을 쏟아냈다. 내가 듣던 말던 말을 이어갔다. 설명을 멈추고 말하는 아이에게 지금 선생님이 설명 중이니 하고 싶은 말이 있으면 설명이 끝날 때까지 얼마 안 걸리니 기다리라고 했다. 그런데 아이의 표정이 당황스러웠다. 말은 안 하지만 왜 기다려야 하는지 모르는 표정이었다.

설명을 마치고 아이가 하고 싶은 말을 다 듣고 다시 한번 알려줬다. 어른들, 친구들, 학교, 집, 누구든, 어디에서든 이런 상황에서는 상대방의 대화가 끝난 후 말을 해야 한다고 말이다. 그 아이의 입은 "네"라고 말하고 있었지만 여전히 표정은 알 수 없다는 표정을 짓고 있었다. 며칠 뒤 같은 상황이 몇 번 더 벌어졌고 난 몇 번 더 같은 이유를 설명하고 앞으로는 어떻게 해야 하는지 녹음기를 틀 듯 여러 번 말해주었다.

그렇게 몇 번의 같은 말과 행동을 훈육받은 아이는 적어도 학원에서는 같은 실수를 하지 않는다. 이런 과정을 겪으며 또 한 번 아이들은 이렇게 예쁘게 변화할 수 있으니 어른들이 노력해야 한다는 생각을 했다.

문제가 생긴 후 고치는 것보다 문제가 생기지 않게 미리 교육한다면 더 효과적이며 효율적이다라는 생각으로 고민하고 주변 아이들과 부모의 양육스타일을 자세히 들여다보니 아이의 잘못된 의견 존중이 발단일 수 있다는 생각이 들었다.

흔히들 말하는 요즘 부모님들은 두 분이 대화를 하다 가도 아이가 무슨 말을 하면 두 분의 대화를 멈추고 아이의 말에 집중한다. 하던 일을 멈추고 아이의 눈을 맞추며 들어주기도 한다. 조부모님들의 반응은 말할 것도 없다. 아이의 말을 잘 들어준다는 것만 보면 너무 좋은 양육태도를 갖춘 부모인 듯하다. 하지만 여기에는 함정이 있다. 매 순간 언제 어디서든 그렇다는 것이다. 이런 환경에서 자란 아이는 상대방의 의견은 존중하지도 않고 대화를 제대로 하지 못하게 된다. 어떤 상황에서도 본인이 하고 싶은 말을 편하게 해왔으니 경청이 되겠는가? 사회에서 경청이 얼마나 중요한지 부모들은 뼈저리게 느끼며 살아가고 있으면서 아이들은 경청이란 것이 무엇인지도 모르는 아이로 키우고 있는 것이다. 세상의 모든 부모는 자신의 아이가 가장 소중하다. 너무도 당연한 말이다. 하지만 조금만 생각해 보면 어떤 것이 옳고 그른지 알 수 있을 것이다. 사랑할수록 사랑하는 만큼 제대로 키워야 한다.

어른들의 과도한 의견 존중이 아이에 대한 사랑이라고 잘못 자리 잡고 있는 동안 우리 아이들은 상대방 의견은 존중할 줄 모르는 아이로 크고 있는 것이다.

엄하게 훈육하라는 말을 때려도 된다는 말로 이해하는 몇몇 어른들과 대화를 나눈 적이 있었다. 처음에는 헛웃음이 나왔지만 대화를 할수록 왜 그렇게 받아들였는지 알 수 있었다. 본인들이 체벌을 받으며 자라왔던 것이다. 그래서 훈육은 매가 없으면 안 된다고 생각하는 것이었다.

예전에는 학교에서의 체벌도 당연시되었다. 많은 어른은 체벌의 경험이 있을 것이다. 그렇게 성장한 어른들이 부모가 되어 아이를 양육하는 과정에서 모두 체벌하지는 않는다.

본인은 맞으며 컸으니 내 아이는 절대 때리지 않겠다는 부모와 자신도 다 맞고 자랐다며 괜찮다는 부모 중 어느 하나 정답은 없다. 안타까운 것은 체벌의 유무가 아니다. 매가 없이 훈육이 안 된다고 생각하는 것이다. 그래서 훈육을 어려워하는 것이다. 이러한 점들이 자칫 아이를 버릇없는 아이로 키우고 있지 않았나 싶었다.

아이의 의견 존중은 의견을 상황에 맞게 말하는 것부터 출발해야 한다. 그 의견이 어떤 의견인지는 다음 문제이다. 가장 기본적인 것은 아빠, 엄마의 대화 중 끼어드는 것부터 지적하고 고쳐야 한다. 부모의 대화가 끝나기를 기다렸다가 말하는 연습이 필요하다. 사실 그리 어렵지 않다. 아이들은 빠른 변화도 어른보다 잘 적응할 수 있으니 몇 번만 하면 익힐 수 있고 따로 알려주지 않아도 상대방이 대화할 때는 기다려야 한다는 것과 친구들과 대화할 때는 친구의 의견도 잘 들어야 한다는 것을 자연스럽게 익힐 것이다.

어떤 학부모는 중학생이 된 아이는 이미 늦은 것 같다며 한숨을 푹 내쉬었다. 끼어들기보다는 집에서 대화를 안 하니 밖에서 버릇이 없는지 있는지조차 모르겠다고 했다. 중고생 자녀가 있는 부모는 대부분 공감할 부분이다. 하지만 아이들의 상태는 얼마든지 알아볼 수 있다. 학교 담임선생님, 학원 선생님을 통해서 들을 수 있을 것이다. 들은 후의 학부모의 반응은 크게 두 가지로 나뉜다. 가르친 것이 하나도 없는 것 같은데 예의 바르게 행동하고 다녀서 기특하고 고맙다는 경우와 집에서 그렇게 똑바로 행동하라고 가르쳤는데 밖에서는 왜 그러는지 모르겠다는 경우이다.

전자는 그야말로 어렸을 때부터 부모의 언행을 보고 배워 체화됐을 확률이 높다. 교육이란 것이 어깨너머로 배운 것이 효과가 더 뛰어난 경우가 많다. 첫째 아이 공부하는 것을 보고 둘째, 셋째들이 따로 한 것도 없는데 한글, 숫자, 구구단을 익히는 경우를 종종 볼 수 있다.

후자는 부모의 언행이 일치하지 않을 확률이 높고 아이에게만 똑바로 하라고 말로 훈육했을 것이다. 아이들은 그것을 잔소리라 생각한다.

전자는 좋은 경우이니 잘 된 것이고 후자는 안 좋은 경우이니 문제라는 것이 아니다. 전자는 잘 크고 있으니 앞으로도 더 단단하게 클 수 있도록 부모의 노력이 필요하고 후자는 이제부터라도 하나씩 바꾸어 가면 아이는 올바르게 커 갈 것이다.

찬바람이 쌩쌩 부는 사춘기 아이도 부모의 사랑으로 큰다. 부모의 노력으로 바뀌지 않는 아이는 없다. 아이가 스스로 바뀌기를 바라면 안 된다. 지금의 부모들도 그 시절 그렇게 컸을 것이다. 본인의 학창 시절을 빗대어 보면 조금은 아이가 이해되지 않을까 싶다.

아이들과 지내는 수많은 시간들 중 매 순간이 배움이 필요하다. 아이와 함께 가는 모든 장소는 학교보다 더 많은 것을 배울 수 있다.

상황에 맞게 바른 태도를 지니게 되었다면 아이의 의견 수용을 고민해야 한다. 무조건 들어줘서도 무조건 반대해도 안 된다. 그래서 어려운 것이다. 너무 많은 사례가 있지만 결과적인 것들만 나열해 보자면 얼토당토않은 의견은 무조건 반박보다 왜 그런 생각을 했는지가 중요하다 근원지를 찾아 헤매는 연구자의 마음으로 얘기해 보아야 한다. 뜻밖의 아이의 깊은 마음을 알 수 있을 지도 모른다.

뒤통수를 맞은 것처럼 황당한 아이의 의견은 원인을 깊이 고민하기보다는 그 생각대로 어떻게 할 것인지 방법과 방향을 의논하다 보면 아이 스스로 의견을 철회하거나 더 확고해지는 것을 경험할 것이다.

아이의 의견을 부모이지만 부모가 아닌 타인의 마음으로 냉철하게 이해하려 노력한다면 따뜻한 마음보다 차갑지만 멋진 결론이 나올 때가 있을 것이다.

아이의 강점을 발견하고 키우는 방법

우리는 좋은 부모가 되기 위해 끊임없이 배우고 노력한다. 하지만 정작 중요한 것 하나를 놓치곤 한다. 바로 아이의 '강점'을 보는 눈이다.

아이의 강점을 일찍이 발견하고, 그것을 키워주는 일은 부모가 아이에게 줄 수 있는 가장 큰 선물 중 하나이다.

강점이란 무엇일까?

우리는 종종 강점을 '잘하는 것'이라고 생각한다. 예를 들어 수학문제를 잘 풀면 수학이 강점이고, 달리기를 잘하면 운동이 강점이라고 여긴다. 하지만 진정한 강점은 자연스럽게 끌리고 반복하고 싶은 욕구에서 시작한다.

아이가 그림 그릴 때 시간이 가는 줄 모르고 몰입한다면 예술적 감각이 강점일 가능성이 높다. 수학 문제 역시 잘 푸는 것보다 푸는 동안 시간 가는 줄 모르고 집중한다면 수학능력이 강점일 수 있다.

아이의 강점을 발견하려면 가장 먼저 해야 할 일은 관찰이다.

여기서 말하는 관찰은 단순히 아이를 보는 것이 아니다. 강점은 겉으로 쉽게 드러나지 않을 수 있다. 따라서 부모는 주의 깊게 관찰하는 법을 배우고 연습해야 한다.

첫째, 아이의 눈빛과 태도를 보라.

'언제 눈이 반짝이는가'

'스스로 찾아서 반복하는 활동은 무엇인가?'

어떤 아이가 블록을 가지고 노는 시간에 집중하고 창의적인 구조물을 만들고 있다면 그 활동을 통해 아이의 논리적 사고력과 공간 지각 능력을 엿볼 수 있다.

또, 가족들이나 친구들과 대화할 때 상대방이 속상해하면 자연스럽게 위로의 말을 건네는 모습에서 아이의 공감 능력과 감수성을 알아볼 수 있다.

아이의 놀이, 말버릇에서도 단서가 나올 수 있으므로 열린 마음과 다양한 관점으로 아이를 바라보는 것이 중요하다. 부모는 아이가 어떤 활동을 할 때 자발적이고 에너지를 보이는지 반복적으로 관찰하고 기록하거나 마음에 새겨두는 게 좋다.

둘째, 아이의 말을 진심으로 듣기

"난 이거 할 때가 재밌어."

"이거 또 하고 싶어"

무엇을 할 때 즐거운지, 무엇이 실패해도 계속 도전하는지, 어떤 주제에 대해 이야기할 때 말이 많아지는지를 유심히 관찰해야 한다. 의외의 상황에서 무한도전을 하는 경우를 종종 볼 수 있다.

내성적이어서 잘 나서지 않는 아이가 한 가지 놀이에서만 적극적으로 반복적으로 하는 경우를 놓치지 않는다면 그것은 그 아이의 강점으로 향하는 길일 수 있다.

셋째, 주변 피드백 받기

선생님, 친구, 친척 등 다른 시선에서 보는 아이의 모습은 아주 중요하다. 부모는 주관적인 생각이 앞서기 때문에 내 아이를 제대로 보지 못하는 경우도 제법 많다.

때로는 1년에 한두 번 보는 조부모님 눈에 아이의 강점이 보일 수 있다. 일주일에 한 번 수업하는 선생님의 "이 아이는 감성이 풍부하고 깊어요"라는 말을 그냥 하는 말로 생각하지 않아야 한다.

지도했던 아이 중 친구의 고민을 자주 들어주는 아이가 있었다. 이 아이는 상담심리학과에 진학했다. 이렇게 강점이 진로가 되는 경우 아이는 행복하게 사회생활을 할 수 있을 것이다.

그렇다면 강점을 키우는 방법을 어떤 것들이 있을까?
강점을 키우는 일은 일회성 체험학습이 되어서는 안 된다. 꾸준한 경험을 제공하고 지속적인 부모의 노력이 필요하다.
몇 가지 실천적인 방법을 제안하고자 한다.

다양한 경험을 제공하라
아이의 강점을 찾기 위해서는 다양한 자극이 필요하다. 음악, 미술, 글쓰기, 과학실험, 체험학습 등 경험할 수 있는 영역을 최대한 넓혀주는 것이 중요하다. 이러한 경험들을 통해 아이가 어떤 분야에 깊은 흥미를 느끼는지 자연스럽게 드러날 것이다.

실패를 허용하는 환경을 만들어라
강점이 성장하려면 시행착오가 필수다. 실패를 두려워하지 않고 도전할 수 있는 환경을 조성하는 것이 중요하다. 아이가 실수했을 때 "괜찮아, 다시 해보자."라고 말해주는 부모는 아이에게 배움의 용기를 줄 수 있다.

격려와 인정의 언어를 사용하라
강점은 인정받을 때 더 선명해진다. 아이가 어떤 활동에 몰입한다면, "정말 재미있어 보인다.", "이 활동은 네가 참 잘하더라."와 같은 말로 아이에게 자긍심과 자기 효능감을 느낄 수 있게 해 보자. 주의해야 할 점은 결과보다 과정에 중점을 둔 언어가 효과적이다.

아이의 말에 귀 기울여라

아이들은 종종 자신도 모르게 자신의 강점을 표현한다. "나는 그림 그릴 때 시간이 제일 빨리 지나가.", "친구들을 도와주면 행복한 기분이 들어" 이런 말들을 통해 그 속에 숨어 있는 재능을 찾아보는 연습이 필요하다.

'잘하는 것'보다 '좋아하는 것'에 주목하라

어떤 활동을 잘하는 것도 중요하지만, 진짜 강점은 좋아하는 것에서 비롯된다. 자꾸만 반복하고 싶어 하고, 실패해도 포기하지 않는 활동이 있다면, 그것이 강점일 가능성이 크다.

여러 방법을 통해 강점을 중심으로 아이를 바라보면 자신의 강점을 알게 되어 자존감이 높아진다. 쉽게 실패에 무너지지 않으며 다른 사람과 비교하지 않게 된다.

무엇보다 중요한 것은 성인이 되었을 때 삶을 책임지고 사랑할 줄 알게 된다. 강점을 안다는 것은 자기 이해의 시작이다.

"완벽한 부모는 없다"

아이의 강점을 알아가는 여정은 부모에게도 성장을 가져온다. 아이가 어떤 존재인지 더 깊이 이해하려 하고, 기존의 기대를 내려놓아야 한다. 판단 대신 공감으로 다가가는 과정은 부모의 내면도 넓혀줄 것이다.

때로는 실수하고 때로는 놓치기도 한다. 다시 아이를 바라보며 아이만의 리듬과 호흡에 맞춰 걷다 보면 행복한 부모가 되어 있을 것이다.

아이의 강점은 그 아이의 삶을 밝혀주는 등불이다. 그 불빛을 알아보고, 지켜주고, 더 빛날 수 있도록 돕는 것이 우리가 할 일이다.

학원선택보다 선생님선택이 중요하다

보통은 아이가 선생님의 존재를 처음 만나게 되는 경우는 어린이집 또는 유치원이다. 부모가 어린이집이나 유치원을 선택할 때 많은 것을 고민한다. 집에서 거리는 얼마나 되는지, 프로그램은 어떤 것이 있는지, 시설은 깨끗한지.

이러한 것들을 알아보는 방법으로 주변 엄마들의 얘기나 지역 커뮤니티를 많이 이용한다. 가만히 생각해 보면 선생님들의 인품을 중요한 요인으로 뽑는 경우가 많다.

당연히 우리 아이와 밀접하게 생활할 대상이니 가장 중요하다고 여긴다.

하지만 학원이나 학습지를 시작할 때는 조금 다른 것 같다.

학습지의 경우 흔히 팀장이 방문해서 상담과 모의 수업 후 계약을 진행한다. 그리고 수업은 다른 선생님과 하는 것이 일반적이다. 모의 수업과 상담은 내 아이와 수업할 선생님과 하는 것이 어쩌면 당연하다. 상담 요청할 때 아이와 수업할 선생님께서 오시길 희망한다고 꼭 해보시기 바란다.

가장 중요하지만 실패가 많은 학원 선택에 대해 말하고 싶다. 우리가 흔히 아는 대형학원이 주는 효과는 대단하다. 그렇지만 내 아이에 맞는 학원인지는 의심을 해봐야 한다.

학원의 크기나 유명세는 학원 선택에서 중요하지 않다. 내 아이에 맞는 학원을 찾는 것이 가장 어렵고 중요하다.

꼭 살펴보고 고려해야 할 상황과 해결방안을 생각해 보자.

내 아이를 가르칠 선생님과 상담하라

수백 명이 있는 대형학원이 아니어도 상담 선생님이 계신 곳이 꽤 많다. 업무의 효율성이라는 명분으로 만들어진 시스템이다. 상담 선생님이 안 계신 곳은 거의 모든 학원은 원장님이 상담한다. 기본적인 상담은 원장님, 상담 선생님과 하되 내 아이 담당 선생님과 간단하게라도 상담하길 바란다.

어떤 아이가 친구들이 다니는 학원에 함께 다니고 싶다 해서 등록했다고 한다. 물론 원장님과 상담 후 만족하며 등록하고 왔고 아이는 별일 없이 잘 다녔다. 2주 정도 지났을 무렵 아이가 담임선생님이 옆에 올 때마다 담배 냄새가 나서 머리가 계속 아파 그만 다니겠다고 한다. 다른 친구들도 알고 있는 사실이었지만 그 점을 대수롭지 않게 생각하고 있어서 괜찮다고 했다. 상담했을 때 잠깐이라도 담임선생님을 만났더라면 미리 알고 등록을 보류하며 아이와 함께 고민하지 않았을까 하는 생각이 들었다고 한다.

이런 경우뿐만 아니라 상담할 때 담임선생님을 만나면 등록을 보류하거나 반대로 생각보다 더 마음에 들어 안심하고 등록하는 경우도 있다.

한 번 보내면 오래 보낸다는 마인드는 버리자

학부모님들과 상담을 하다 보면 "저는 한 번 보내면 오래 보내요"라는 말씀을 하시는 분을 종종 만날 수 있다. 그 말이 얼마나 무서운 표현인지 처음에는 알지 못했다.

최소 6개월은 보내 봐야 실력을 올릴 수 있다는 말과는 엄연히 다른 말이다.

보통 선생님들은 아이를 처음 만나 지도하는 기간이 일주일 정도이면 현재 실력, 성품, 기질 등을 알 수 있다. 반대로 아이도 선생님을 파악할 수 있다. 길어야 한달이면 서로가 서로를 평가할 수 있다는 것이다.

한두 달이면 이 학원을 계속 다녀야 할지 다른 학원을 가야 할지 충분히 알 수 있는 시간이다. 한두 달만에 아이의 실력이 좋아질 리는 없다. 하지만 아이의 실력이 좋아지려면 선생님과의 관계가 먼저라는 말을 하고 싶다.

첫 눈에 반하듯 선생님과 제자가 서로 알아볼 수는 없지만 안 맞는 경우는 느낌이 온다. 그럴 땐 빨리 다른 곳으로 옮기라고 조언한다. 혹시나 하는 마음에 더 다녀보라고 한다면 오히려 역효과가 나타날 때가 있다.

아이가 다니는 학원이 싫다며 옮기겠다고 하면 분명한 이유가 있는 것이다. 별일 아니라며 넘기지 말고 꼭 확인할 필요가 있다. 무덤덤하게 오래 다니는 것이 좋은 방법만은 아니다.

아이의 생각에 귀 기울이기

학원에 다니며 공부와 사회성을 배우는 것은 부모가 아니고 아이이다. 부모는 상담할 때와 교육비 납부할 때 종종 학원을 방문한다. 교육비마저 방문하지 않고 납부를 한다면 상담할 때 이외에는 방문하는 일이 거의 없다.

그렇다면 학원을 다니며 느끼는 아이의 감정은 절대적으로 수긍해야 맞다. 물론 꼭 그것이 항상 옳은 것은 아니다.

공부라는 것이 그리 즐거운 것은 아니다. 인생의 곡선 마냥 학습기복이 나타난다. 잘할 때, 못할 때, 그저 그럴 때, 너무 하기 싫을 때, 제법 재미있을 때.

하지만 이런 감정들은 아이들도 이겨내야 하는 줄 잘 안다. 잘 안 될 뿐.

중학생 아이가 선생님과 너무 잘 맞아 즐겁게 학원에 다녔다. 시험을 준비하며 자신감도 생겼다. 그런데 아쉽게 성적이 잘 나오지 않았다. 누구보다 아이 스스로가 많이 아쉬워했다. 아는 문제들을 틀려서 더 그러했을 것이다. 다음 시험은 잘 볼 거라며 바로 다음 시험 준비를 시작했다.

다음 날, 그 아이 엄마의 문자 한통의 내용은 "그동안 감사했습니다."였다. 한동안 멍하게 앉아 있었다. 며칠이 지나고 아이가 찾아왔다. 엄마가 성적이 떨어졌으니 다른 학원으로 가라고 했단다. 울면서 부탁해도 안 된다고 하셨단다. 대신 다음 시험을 잘 보면 다시 원하는 학원으로 보내준다는 약속을 했단다. 이 말을 하는 눈물이 맺힌 학생의 웃는 모습이 지금도 눈앞에 선하다.

생각보다 아이들은 많은 것을 느끼고 안다. 누구와 어디에서 공부를 해야 자신에게 도움이 되는지 너무 잘 안다.

그에 비해 부모들은 아이들의 판단력을 믿지 않는 경우가 많다. 실패도 배워야 성공을 할 수 있다. 학원 또는 선생님을 선택하며 자신에게 맞는 선생님을 찾아가는 여정도 필요하다.

자존감 키우는 상호작용 방법

"엄마, 나 잘했지?"

"아빠, 이것 좀 보세요"

아이는 항상 부모의 반응을 기다린다. 이런 질문 속에 아이의 자존감이 숨겨져 있다. 자존감이란 스스로 소중하게 여기고 사랑할 수 있는 힘이다. 누군가의 인정이 없어도 나 자신을 존중하는 마음의 뿌리이다.

자존감이 모든 상황에 영향을 미친다는 것은 많은 부모는 알고 있다.
상담하다 보면,

"우리 아이는 자존감이 너무 낮아서 그런지 공부하려고 하지 않아요."

"전에는 그렇지 않았는데 언제부터인지 자존감이 거의 바닥이에요."

이런 말들을 많이 듣는다.

분명 원인은 있을 것이다. 환경의 영향으로 선생님이나 친구들의 영향으로 자존감이 낮아지기도 한다. 아이 스스로 자괴감에 휩싸여 자존감이 낮아지는 경우도 많다.

무엇보다 가장 많은 경우는 가정에서 생기는 원인이다.

가정에서부터 자존감을 키우게 해 준다면 다른 환경에서의 영향은 이겨낼 수 있을 것이다.

자존감은 혼자서는 자라지 않는다

자존감은 마치 나무와 같다. 스스로 자라는 듯 보이지만, 햇살과 비, 바람과 토양이라는 외부의 조건이 적절히 갖춰질 때 비로소 뿌리를 내리고 자라난다.

스스로 사랑하고 존중하는 힘, 즉 자존감도 사실은 혼자서 만들어지는 것이 아니라 타인과의 관계 속, 일상적인 상호작용을 통해 성장하고 단단해진다.

인간은 사회적 존재다. 아무리 내면을 단련해도, 타인과의 관계에서 지속적인 부정적인 피드백을 받거나 존중받지 못하는 경험이 반복된다면 자존감은 쉽게 흔들린다.

아이에게 첫 번째 사회는 가정이다. 처음으로 느끼는 타인 역시 부모이다.

부모의 말과 표정, 반응을 통해 조금씩 자존감이 자란다. 따뜻한 상호작용, 존중받는 느낌, 공감과 지지를 주고받는 경험은 자존감을 키우는 가장 강력한 비료가 된다.

경청하기

타인의 이야기를 진심으로 듣는 것, 그리고 나의 이야기가 진심으로 받아들여지는 경험은 자존감을 높이는 가장 단순하고 강력한 방법이다.

아이는 누군가가 나의 말을 방해하지 않고 고개를 끄덕이며 들어줄 때, "나는 이 사람에게 중요한 존재구나"라는 느낌을 받는다.

경청은 단지 조용히 듣는 것만이 아니다. 진심 어린 눈맞춤, 적절한 리액션, 아이의 감정에 귀 기울이는 태도 모두가 포함된다. 부모가 아이를 그렇게 대하는 경험이 많을수록 아이는 자신을 더욱 존중할 수 있는 존재로 인식하게 된다.

아이들을 지도하다 보면 부모가 아이의 말을 얼마나 경청해 주었는지가 보일 때가 있다. 무심코 하는 말과 행동, 표정 속에서 부모의 모습이 보인다.

말은 씨가 된다

해를 거듭할수록 더 자주 듣는 아이들의 말 중 제일 안타까운 것이 있다.

"난 해도 안 되요", "어차피 망했는걸요." 이런 말들을 쓰는 아이들이 늘어나고 있다.

요즘 아이들은 지구력, 끈기, 인내심이 왜 없어진 걸까? 없어진 것인지 잠시 숨은 건지.

십여 년 전에 비해 부정적인 언어를 사용하는 아이들이 늘었다.

어느 날, '얘들 왜 이러지.' 하다가 문득 어른들의 모습에서 답이 보였다.

아이들이 변한 것이 아니고 어른들이 변한 것이었다. 보여지는 것들에 의해 아이들은 변하고 있었던 것이다.

부정적인 언어가 무의식적으로 반복되며 스스로 깎아내리고, 타인과의 관계에도 균열을 만든다. 하지만 반대로 "이번엔 부족했지만, 다음엔 더 잘할 수 있어." "아이도 나름의 이유가 있겠지." 이런 말은 상황을 있는 그대로 받아들이되, 아이를 향한 존중을 담고 있다.

아이의 말과 행동에 화부터 내지 말고 나름의 이유가 있을 것이다 생각하고 대화를 해보자.

말은 곧 태도가 되고, 태도는 관계를 만든다. 좋은 관계 속에서 자존감이 단단한 뿌리를 내릴 것이다.

감사함의 힘

감사와 칭찬은 단지 예의 차원의 표현이 아니다. 그것은 존재를 인정하는 행위다.

"고마워", "수고했어", "네가 있어서 좋아"라는 말은 상대의 존재를 빛나게 하며 동시에, 그런 말을 건넬 수 있는 자신에 대한 자긍심도 높여준다.

가정에서 아이와 부모가 서로 감사의 표현을 자연스럽게 해야 한다. 부모가 자연스럽게 표현하다 보면 아이는 보고 배울 것이다.

형식적인 말은 관계를 공허하게 만든다. 감사는 구체적이고 진심이어야 한다. 감사는 상대방의 존재를 인정하는 말이자, 내 마음을 열어 보여주는 따뜻한 행동이다.

감사를 자주 표현하는 아이는 자신이 사랑받을 만한 존재라는 걸 자연스럽게 믿게 된다.

건강한 거절의 힘

자존감이 낮은 사람들은 '거절'을 두려워한다. "싫어요" 혹은 "그건 어렵습니다"라는 말을 하기 어려워한다. 그 말이 누군가를 실망시킬까 봐, 혹은 나를 이기적인 사람으로 보이게 할까 봐.

아이들이 가장 어려워하는 부분이기도 하다. 친구의 부탁을 거절하지 못해 몸과 마음이 다치는 경우도 많다. 마음이 이미 지쳐버린 상태에서 친구의 기대에 맞춰 주기만 한다면, 결국 '나는 별로 중요하지 않아.'라는 마음이 자리 잡게 된다.

적절한 경계는 자존감의 울타리다. 아이가 친구의 기대에 무조건 맞추기보다는, 지금 나에게 가능한 것과 불가능한 것을 솔직하게 말할 수 있을 때, 아이의 자존감을 지킬 수 있다.

이러한 것들은 생활 속에서 연습이 필요한 부분이다. 사실 부모도 힘들고 잘 안되는 부분이다. 아이와 함께 연습해보는 것은 어떠한가.

"오늘은 힘들어요."

"그건 나는 못 할 것 같아요"

라고 말해보는 연습을 시작해보자. 이렇게 말하는 용기는 스스로 아끼겠다는 선언 같은 것이다. 내 마음을 소중히 여겨주는 작은 선택들이 쌓여 자존감이라는 뿌리가 단단해진다.

자존감은 결국, 나와 타인 사이의 관계에서 피어나는 감정이다. 존중과 경청, 감정표현과 건강한 거리두기, 긍정적 언어와 감사의 습관은 모두 자존감을 위한 실질적인 연습이자, 서로를 존중하는 연대의 방식이다.

부모도, 아이도 완벽할 수 없다. 때로는 서로의 말에 상처받기도 한다. 의도치 않은 말로 마음이 멀어지기도 한다. 하지만 그 상처를 딛고 보면 사랑은 더 깊어진다.

"네가 있어서, 엄마(아빠)는 참 고마워."

"오늘 네 얘기 들을 수 있어서 행복했어."

작은 상호작용, 작은 말속에 아이의 평생을 지켜줄 자존감이 자라날 것이다.

바른 인성과 사회성 발달 지원하기

인성이란 도덕성, 책임감, 정직함, 공감 능력 등 인간으로서 갖추어야 할 기본적인 성품을 의미한다. '사람됨'의 바탕을 말한다.

사회성은 타인과의 관계 속에서 나타나는 적절한 행동 양식과 상호작용의 능력을 말한다. '사람 사이에서의 조화로운 삶을 위한 기술'이라고 할 수 있다.

현대 사회에서는 지식과 기술 못지않게 인성과 사회성이 중요하다. 아이가 건강한 자아를 형성하고 더불어 살아가는 능력을 키우는 데 핵심적인 역할을 한다. 가정은 인성과 사회성 발달의 시작점이자 가장 큰 영향을 미치는 공간이다.

인성과 사회성은 특별한 교육 프로그램보다 일상의 반복적인 경험을 통해 내면화된다. 가정 내에서 부모가 어떤 태도와 언어, 행동을 보여주느냐는 아이에게 큰 영향을 미친다.

부모는 가장 좋은 모델

아이들은 부모의 말을 듣는 것보다 먼저 행동을 관찰하고 따라 하는 것부터 한다. 부모가 예의를 지키고, 약속을 잘 지키며, 타인을 존중하는 모습을 자주 보여줄수록 아이도 자연스럽게 그런 태도를 습득한다.

요즘에는 아파트 엘리베이터에서 마주쳐도 인사를 잘 안 하는 어른이 많다. 사회가 흉흉해지고 사건, 사고가 많아질수록 그러한 것 같다. 나 역시도 언제부터인지 인사를 하는 횟수가 줄어들었음을 아이에게 인사를 가르치다 느꼈다. 순간 너무 부끄러웠다. 하던 얘기를 멈추고 나의 행동을 돌아보았다. 백 마디 말보다 한번 보여주는 것이 당연히 효과적임을 너무 잘 알고 있었다. 다음 날부터 누구를 만나도 인사를 건넸다. 여러 날이 지난 어느 날, 아이가 인사를 하기 시작했다.

공감과 배려의 일상화

아이에게 공감 능력을 길러주기 위해서는 타인의 입장을 생각해 보는 연습이 필요하다. 코로나 이후 아이들은 공감 능력이 저하된 것 같은 경우가 종종 있다. 아무래도 몇 년을 마스크를 쓰고 생활하며 대화도 제한하는 분위기가 그렇게 만든 것이다. 연습은 학습이다. 다시 예전처럼 생활하기 시작했고 차차 좋아지기는 하지만 예전만큼은 아니다.

상대방의 기쁨, 슬픔, 화남 등의 감정에는 관심이 없다는 표현이 더 어울리는 요즘이다. 아이들을 지도하며 지식 전달보다 공감과 배려를 알려주기 위해 입장을 바꿔 설명하는 일이 점점 늘어난다. 가정에서도 당연히 알겠지 하며 넘어갈 만한 일도 구체적인 예를 들며 설명한다면 더 따뜻한 아이가 될 것이다.

감정표현과 감정조절

사회성을 키우기 위해서는 자신의 감정을 인식하고 조절하는 능력은 필수이다. 가장 어렵고 가장 필요한 요소라고 말하고 싶다. 최근에 이슈가 된 사건들 중 감정 조절 문제로 인한 결과가 많다. 초등학교도 예외는 아니다. 흔히들 '오냐오냐' 키워서 그런다는 표현을 한다. 어느 부모가 제 자식이 사랑스럽지 않겠는가.

잘못된 사랑의 방법이 감정 조절과 표현을 제대로 못 하는 아이로 만드는 것이다. 조금만 울어도 들어주는 것, 반대로 우는 것조차 억누르는 것, 둘 다 잘못된 방법이다.

"지금 속상하겠구나", "조금 진정이 되면 이야기해 보자.", "그럴 때는 어떻게 하면 좋을까?"와 같이 감정을 인정하고 표현하는 방법을 가르치며 부모도 연습이 필요하다.

단순히 "사랑해"라는 말보다 상황에 맞게 "고마워", "감사해", "미안해" "덕분이야"라는 감정의 표현도 가르쳐야 한다. 이 역시 함께 연습해야 한다.

역할 분담과 책임 부여

사회성은 공동체 안에서 자신의 역할을 인식하고 책임을 다하는 것에서부터 시작된다. 남자는 부엌에 들어가면 안 되는 시대도 아닌데 그 시절보다 더 요즘 아이들은 집안일을 거의 하는 경우가 없다.

집안일을 함께 분담하고, 본인의 일을 스스로 처리할 수 있도록 키워주는 것은 아주 중요하다. 간단한 청소기 작동 한 번으로 부모를 도왔다는 뿌듯함은 물론 자기 효능감을 키우는 데도 도움이 된다.

단순한 분담과 역할 부여만이 아닌 아이의 행동에 대한 인정과 칭찬은 부모의 노력은 아이가 자라는 데 더할 나위 없이 좋은 촉매제가 될 것이다.

갈등 상황에서의 문제해결 훈련

사회성은 갈등 상황에서 더욱 필요하다. 요즘 초등학교에서는 학교폭력 신고가 빈번하다. 몇 년 전만해도 꽤 심각한 경우만 신고가 되었다면 지금은 별일 아닌 것도 키우는 경우가 종종 있다.

친구와 다툰 경우, 무작정 사과하게 하거나 아이편만 드는 것보다는 어떤 상황이었고, 상대는 어떻게 느꼈을지를 함께 생각해 보는 대화가 중요하다.

하지만 아이가 울거나 화가 나서 부모에게 말하면 전후 사정은 알려고 하지 않는다.

오로지 아이의 감정과 아이가 받은 피해만을 듣는다. 어쩌면 내 아이가 가해자일 수 있는데도 말이다. 이런 경우를 볼 때가 가장 답답하다. 현명하지 않은 부모의 대처로 아이는 계속 그런 아이로 클 것이 뻔해 보일 때 참 씁쓸하다.

생각보다 해답은 아이가 가지고 있을 때가 더 많다. 대화를 통해 다음에는 어떻게 행동하면 좋을지를 부모와 함께 고민하면서 문제해결력을 길러야 한다.

이러한 연습들은 단순히 사과와 용서하는 태도를 넘어서 성숙한 사회적 사고를 배우는 과정이다.

디지털 시대, 사회성 교육의 새로운 과제

오늘날 아이들은 디지털 기기를 통해 많은 시간을 보낸다. 수업이나 공부도 디지털 기기를 이용한다. 이는 사회성을 기르기에 양날의 검이 될 수 있다.

온라인상에서 타인과 소통하며 다양한 관점을 접할 수 있는 기회가 되기도 하지만, 얼굴을 맞대지 않는 관계 속에서 감정 전달이 어려워진다. 갈등 상황에 직면했을 때 회피하거나 과격한 반응을 보이기도 한다.

아이의 디지털 기기 사용을 단순히 통제하기보다는, 건강한 디지털 소통법을 함께 배워가는 태도가 필요하다. 댓글에 대한 예의, 오해가 생겼을 때의 대처 방법, 익명성 뒤에 숨지 않는 태도 등을 자주 이야기해야 한다.

바른 인성과 사회성은 하루아침에 길러지는 것이 아니다. 부모의 일관된 태도, 진심 어린 대화, 그리고 아이를 하나의 인격체로 존중하는 마음에서 비롯된다. 부모가 가정에서 보여주는 작은 말과 행동이 모여, 아이의 인성과 사회성을 건강하게 자라게 하는 밑거름이 된다.

학습동기를 높이는 대화법

"그만 놀고, 공부 좀 해라."

"성적 떨어지면 너만 손해야."

많은 학부모가 아이에게 학습에 대해 말할 때 자연스럽게 나오는 말들이다. 이런 말들이 오히려 자녀의 학습 의욕을 떨어뜨린다는 것은 알고 있는 사실이다.

아이가 스스로 공부하고 싶은 마음, 즉 내재적 동기를 갖도록 돕는 것은 단순한 '공부하라.'는 말보다 훨씬 효과적이다. 이를 위해 부모가 할 수 있는 가장 강력한 도구는 바로 대화이다. 가장 어려운 것도 대화이다.

결과보다 과정을 칭찬하기

많은 학부모가 결과에 대한 칭찬을 한다. 재미있는 사실은 칭찬이 무엇을 칭찬하고 있는지 모르는 학부모도 있다는 것이다. 습관적으로 그냥 하는 말을 하고 있는 경우도 있다.

"엄마, 나 95점 받았어!"

"그래? 한 문제는 왜 틀렸어?"

결과에 대해서만 기쁨, 아쉬움, 속상함을 말하려면 차라리 '수고했다'는 말 한 마디가 더 나을 것이다. 과정이 완벽해야만 결과가 좋은 것은 아니다. 하지만 과정에 초점을 두고 칭찬한다면 아이는 노력하면 결과가 따라온다는 믿음을 서서히 갖게 될 것이다. 도전과 성장을 즐기는 아이로 변할 것이다.

'점수'가 아니라 노력, 집중력, 책임감 등을 칭찬받은 아이는 스스로 가치 있게 여기게 된다. 실패했을 때도 과정 중심으로 대화하면 학습 자체에 대한 긍정적인 감정을 유지할 수 있다.

부정적인 감정에 공감을

아이들이 학습에서 겪는 좌절이나 지루함을 무시하지 말아야 한다. "그걸 못해서 우는 거야?" 같은 말은 아이의 감정을 무시하고 단절시키는 표현이다.

시험을 망치면 가장 속상한 사람은 본인 자신이다. 부모도, 선생님도 아이의 속상함보다는 덜하다. 성적이 안 좋아도 해맑은 아이들이 있다. 종종 학부모님들께서 그 모습을 이해하지 못해 더 속상해하시기도 한다. 아무리 밝은 아이, 속상한 티를 안 내는 아이도 마음은 다친다는 것을 간과해서는 안 된다.

공감은 아이의 마음을 안정시킨다. 감정을 충분히 수용 받은 아이는 다시 도전할 힘을 얻게 된다. 학습 동기의 뿌리는 '나는 이해 받고 있다.'에서 출발한다.

"이번 결과가 아쉽긴 하지만, 어떻게 하면 더 나아질 수 있을지 함께 생각해보자."

"실패가 아예 없었다면 배우는 것도 없었을 거야."

"모든 과정은 결과가 어떠하든 너에게 좋은 과정이야."

질책하는 말 대신 이렇게 말한다면 아이도 실패를 문제점이 아닌 자연스러운 과정으로 생각할 것이다. 장기적으로 과정을 통해 성장을 추구하는 태도로 이어질 것이다.

협력적인 대화는 통제보다 힘이 세다
부모가 일방적으로 지시하는 말투는 아이에게 통제받는 느낌을 준다. 자율성을 억압하고 학습을 해야만 하는 일로 인식하게 만든다. 지시형 말투보다 협력형 말투가 훨씬 강력한 힘을 가지고 있다.

지도했던 아이 중 매일 같은 수업인데 항상 하나부터 열까지 하기 전에 물어보는 아이가 있었다. 부모의 지시와 평가에 따라 움직이는 수동적인 아이로 짐작된다. 나중에는 부모가 말하지 않으면 아무것도 하지 않게 될 것이다.

외부의 통제가 강할수록 동기를 잃고 자신이 선택할 수 있다고 느낄수록 몰입과 만족감이 높아진다. 아이의 선택을 존중하되 서포터 역할을 유지해야 한다. 협력은 방임이 아니다.

통제는 쉽고 빠르지만 오래 가지 않는다. 반면 협력은 느리지만 아이의 내면의 자율성과 책임감을 심어줄 것이다.

학습 외 시간에도 아이와 자주 대화하기

학습과 관련된 대화만 할 때, 아이는 부모가 자신을 성적의 잣대로만 평가한다고 느낄 수 있다. 평소에도 아이의 관심사, 친구 관계, 취미 등에 대해 편안하게 대화해야 한다.

확인하는 듯한 대화가 아닌 부모가 친구들과 차 한잔하며 사는 얘기를 하듯 아이들과 그러한 대화기 필요하다. 아이가 답을 해야 하는 질문들보다 부모가 먼저 오늘 또는 최근에 있었던 일, 속상하게 하는 주변인 이야기를 먼저 하면 아이는 자연스레 자신의 생활을 얘기할 것이다. 이런 대화들은 정서적 유대감을 높인다. 심리적 안정감은 학습에서도 강한 동기와 집중력을 발휘한다.

잔소리 대신 질문

잔소리는 순간적인 자극은 될 수 있다. 하지만 지속적인 동기부여는 힘들다. 부모가 방향을 제시하기보다는 아이 스스로 생각하고 선택할 수 있게 질문을 하는 것이 좋다.

"요즘 공부하면서 어떤 게 제일 어렵게 느껴져?"

"내일 시험을 위해 오늘은 어떤 걸 먼저 준비하면 좋을까?"

"지금 기분은 어때? 뭔가 도와줄 게 있을까?"

이런 질문은 아이가 '부모가 나를 존중해 주는구나'라는 느낌을 준다. 자기 결정감을 높일 수 있다.

아이의 공부는 '부모의 말'로 시작된다. 아이에게 가장 영향을 많이 주는 존재는 '선생님'이 아니라 '부모'이다

부모의 말 한마디가 아이의 마음을 열기도 닫기도 한다. 아이를 이해하고 존중하는 말투, 감정을 공감하고 격려하는 태도, 결과보다 노력을 인정하는 시선 등이 아이의 학습 동기를 자극하는 가장 확실한 방법이다.

학습에 대한 태도와 동기는 부모의 따뜻하고 지혜로운 대화에서 자란다.

형제자매 관계, 경쟁이 아닌 동반자로 키우는 방법

"둘이 있으면 좋다 가도 금방 싸워요."

"큰 아이는 항상 양보만 하고, 둘째는 자기만 챙겨요."

"똑같이 대하는데 아이들이 '왜 나만 혼내?'라며 서운해해요."

다자녀를 키우는 부모라면 누구나 한 번쯤 해본 고민일 것이다. 함께 자라며 정을 쌓는 자녀들의 관계는 사회성의 첫 무대이자 평생 지속될 중요한 인간관계이다.

그러나 현실에서는 경쟁, 질투, 갈등 등으로 인해 부모에게도 아이에게도 스트레스가 되곤 한다.

아이들은 부모라는 공동의 애착 대상과 자원을 공유하며 자란다. 본질적으로 경쟁 구조를 내포하고 있기 때문에 갈등이 발생하는 것은 당연하다. 문제는 갈등 자체가 아니라, 그 갈등을 어떻게 다루고 해결할 것인가이다.

형제자매 관계의 특징 이해와 인정

많은 부모는 아이들이 서로 다른 것을 인정한다고 말을 한다. 하지만 몇마디 대화를 해보면 내면은 아이가 원하는 성향이 아님을 아쉬워한다. 마음에서는 인정하지 않기 때문에 현실에서 부드러운 대화가 될 수가 없다.

쌍둥이도 성격, 성품이 다르다. 생활환경은 같아도 받아들이는 정도가 다르기 때문에 다르게 크는 것이다. 아이들 간의 갈등은 정서표현, 문제해결, 협상력 등 사회적 기술을 배우는 기회가 된다. 이 좋은 기회를 얼마나 현명하게 만들어 가느냐는 부모의 역할이 참 크다.

외동보다 둘째, 셋째들이 가지고 있는 좋은 사회성은 직접, 간접적으로 보았을 것이다. 그렇다고 해서 외동이 사회성이 결여되는 것은 절대 아니다. 아이들을 가만히 들여다보면 형제자매가 몇 명인지가 중요하지 않다. 부모의 방식의 차이라는 것이 대부분 확연하다. 부모는 다툼을 없애려 하기보다는 상황에 맞게 건강한 방식으로 해결하도록 돕는 연습이 필요하다.

똑같이 아닌, 각각 다르게

아이들은 성격, 기질, 발달 시기가 다르기 때문에 같은 상황에서도 서로 다른 반응을 보인다. 예를 들어, 내성적인 아이는 따뜻한 말 한

마디에 감동받고, 활동적인 아이는 함께 뛰어노는 시간을 더 소중하게 여길 수 있다.

같은 사랑을 같은 방식으로 주려 하기보다는 아이에게 필요한 방식으로 주는 것이 공정하다. 여러 아이를 함께 돌보는 일상에서 각자와의 1:1 시간을 가지는 것은 쉽지 않지만, 매우 중요하다. 자신만을 위한 시간, 자신만을 바라봐 주는 부모의 눈빛은 아이에게 강한 애착과 안정감을 준다.

아이들과 관계가 힘들다는 학부모님들께 가장 먼저 제안하는 해결 방법은 아이와 각각 데이트하라고 한다. 물론 아이의 성향을 파악해서 자세한 방법을 알려 드리기도 한다.

소소한 시간이라도 그 아이만을 위해 집중해 주는 경험은 형제자매간 질투를 줄이고, 부모와의 관계 만족감을 높이는 데 효과적이다.

비교는 갈등의 씨앗

"너는 왜 언니처럼 안 해?", "동생은 이것도 잘하는데…" 라는 비교는 형제자매 간의 경쟁심과 열등감을 자극한다. 특히 반복적인 비교는 한 아이를 '문제아', 다른 아이를 '모범생'으로 고정시키며 자존감과 상호 관계에 부정적인 영향을 준다.

아이러니한 것은 부모는 비교하고 있다고 인지를 못한다는 것이다. 비교한 적이 없는데 아이가 비교하지 말라며 서운하다고 짜증을 내서 어떻게 해야 할지 모르겠다고 하신다. 몇 가지 질문을 통해 문제점을 알려드리고 해결 방법을 알려드린다. 이런 상담을 할 때마다 부모는 두 눈이 커지며 아이가 속상했겠다며 멋쩍은 미소를 짓는다.

오랜 기간 부모와 자녀들의 갈등이 비교에서 시작되는 것을 많이 보았다. 아무 의미 없이 던진 한마디가 아이의 마음속에 상처로 평생 자리 잡고 있을 수 있다. 아이들 각자의 속도와 특성을 가진 독립된 존재임을 인식하고 각자의 장점을 인정해주는 것이 중요하다.

심판이 아닌 코치

갈등 상황에서 부모가 심판처럼 한쪽 편을 들거나 무조건 중재하려 들면, 아이들은 더 강하게 경쟁하거나 억울함이 쌓이게 된다. 대신 부모는 감정이 격해진 상황을 안정시킨 뒤, 양쪽 아이의 말을 차례로 듣고 정리해주는 '코치'의 역할을 해야 한다.

"형이 네 장난감을 가져가서 화가 났구나. 그런데 형은 동생이 자기 말을 안 들어서 속상했대. 그럼 어떻게 하면 서로 기분이 나아질까?"

대화를 통해 아이가 자신의 감정을 인식하고 표현하며 각자의 입장을 이해하는 연습이 필요하다. 이러한 연습들은 아이들이 스스로 갈등을 해결할 수 있는 힘을 기르는 데 도움이 된다.

감정표현을 유도하며 연습은 시키되, 물리적인 폭력이나 언어적 폭력은 단호하게 제지해야 한다. 말로 할 수 있게 규칙을 일관되게 알려주는 것이 필요하다.

각자의 '자리' 만들어 주기

형제자매 간의 갈등 중에는 자기 공간과 물건, 역할이 지켜지지 않아서 생기는 경우도 많다. 아이 각자의 물건이나 관심사, 활동 영역을 인정해주고 존중해주는 것이 필요하다. 큰 아이가 아끼는 물건을 동생이 하루 가지고 놀고 싶다고 큰 아이에게 양보를 강요해서는 안 된다. 작은 아이가 좋아하는 책을 시시하다며 큰 아이가 비웃는 것도 안 된다.

가정 내에서 아이 각자의 역할이나 책임감을 부여하면 자기만의 자리가 있다는 안정감을 느낄 수 있을 것이다.

"오빠가 동생 간식 챙겨준 거 보니 기특하네."

"동생이 누나 물건 안 건드리려고 노력했구나."

이처럼 상대방을 배려하는 행동을 포착해 구체적으로 칭찬하면 서로를 존중해 준다는 것이 기분 좋은 것임을 경험하게 된다. 긍정적인 행동이 반복될수록 관계에 좋은 영향을 줄 것이다.

형제자매 관계는 평생을 함께할 수 있는 가장 가까운 인간관계이다. 단순히 사이좋게 지내기를 넘어서, 서로를 존중하고 지지할 수 있는 관계로 성장시키기 위해서는 부모의 인내와 지혜가 필요하다. 형제자매간 갈등은 성장의 일부이며, 그 안에 관계의 기술과 정서적 성장의 씨앗이 숨어 있다.

부모가 그 갈등을 없애려 하기보다 그 안에서 배움을 얻도록 돕는 따뜻한 안내자가 되어야 한다.

자기주도 학습력을 키우는 가정의 힘

많은 학부모는 아이가 '스스로 공부하는 아이'로 자라나기를 바란다. 학원이나 과외 없이도 자기 주도적으로 계획하고 실행하며, 실패를 반복해도 다시 일어나는 힘을 갖춘 아이가 되길 바란다.

반면, 아이가 스스로 공부하지 않으면 부모는 좌절하게 되고, 결국 잔소리나 강압적 개입으로 이어지는 악순환이 된다.

학습 습관 이전에 아이의 환경이 먼저라는 사실이 중요하다. 환경이라는 것은 부모의 역할이 크다. 아이 스스로 환경을 만들기는 어려운 일이다. 자기주도 학습력을 기를 수 있는 가정환경을 만드는 방법을 중요하게 고민해 볼 필요가 있다.

공부보다 마음 안정

아이들이 공부에 몰입하기 위해서는 마음이 안정되어야 한다. 특히 초등~중학생 시기는 정서적 안정이 학습 몰입의 전제 조건이다.

중학생 시기는 예민한 시기라 이해하는 부분이지만, 흔히들 말하는 중2병이라는 현상이 초등학생도 많이 나타난다. 부모가 잦은 잔소리, 비교, 비난, 조급함을 드러내면 아이의 마음은 닫힌다. 그때부터 어쩔 수 없이 하는 아이와 안 하는 아이로 분리된다.

먼저 아이의 현재 수준을 있는 그대로 받아들이는 것부터 시작해야 한다. 잘한 것에 주목하고 작은 성취도 인정하는 표현을 하도록 한다.

부모님들 어린 시절, 마침 공부하려 책상에 앉았는데 엄마가 "공부 좀 해라"라는 말을 하면 하려던 마음이 싹 사라지는 경험이 한 번씩은 있을 것이다. 책상에 앉는 행위 자체로 공부하려고 노력함을 칭찬해야 한다.

모든 과정을 보며 평가나 핀잔을 주기보다 그 자체만을 칭찬한다면 아이의 내면이 단단해질 것이다. 그 내면이 공부에 대한 태도를 결정한다.

공부의 주인은 아이

아이에게 공부하라고 외치기보다, 공부할 수 있는 선택권과 책임을 함께 주는 것이 중요하다. 인간은 스스로 결정한 일에 책임을 느끼고 더 몰입하게 되어 있다. 부모가 모든 계획과 결정을 대신하면 아이는 수동적인 자세에서 벗어나기 힘들 것이다.

공부 계획은 아이가 직접 세우도록 유도해야 한다. 단순히 해 보라고 기회를 주고 기다리라는 말이 아니다. 조언자 역할만 해야 한다.

당장 대화로 계획표가 나오지 않더라도 조급해하면 안 된다. 그것도 과정이기 때문이다.

"오늘 뭐부터 할래?", "이 과목은 언제 하면 좋을까?" 같은 질문을 통해 스스로 생각하게 유도하는 것이 좋다. 너무 어려워한다거나 무모한 계획이면 효과적인 방향을 제시하며 선택할 수 있게 하면 좋다.

계획을 세운 후 실천하지 못하더라도, 비난하지 말고 원인을 함께 탐색해보아야 한다. 실패 경험도 자율적으로 겪을 때 학습이 된다. 완벽한 계획이 아닌, 아이 스스로 해보는 경험이 우선이다.

아이에 맞는 학습공간

아이의 집중력을 높이기 위해서는 물리적인 환경도 중요하다. 산만한 공간에서는 자연스럽게 주의가 흐트러지며, 특히 스마트폰, TV, 게임기 등이 눈에 잘 띄는 곳에 있으면 스스로 공부하려는 의지가 약해진다.

작더라도 조용하고 단순한 구조의 공부만을 위한 독립된 공간을 마련하면 좋다. 거실에 학습공간을 마련해서 가족 모두가 독서, 학습을 함께하는 경우도 좋다. 이렇게 일반적으로 생각하는 좋은 학습공간은 정답이라고 할 수 없다. 아이의 성향과 형제자매와의 관계도 고려해야 한다.

지도했던 아이 중 시험기간이 되면 거실을 걸어 다니며 종알종알 소리 내어 암기과목 공부를 하는 학생도 있었다. 집에서는 책상에 반듯하게 앉은 모습을 보기 힘들 정도 뒹굴거리며 공부하는 학생도 있었다. 모두 상위권이었으며 대학도 원하는 대학에 진학했다.

　반대로 점심, 석식시간을 쪼개고 쉬는 시간도 최대한 활용해서 공부하고 집에서도 조용한 분위기에서 공부했던 학생은 결과가 그리 좋지 않았다.

　학습공간은 아이에 성향과 맞아야 한다. 공부 공간은 단순히 책상이 아닌, 아이의 집중과 몰입을 도와주는 심리적 작업실이다.

규칙성과 습관의 힘

　스스로 공부하는 아이는 하루의 일정 속에 공부라는 습관이 자연스럽게 녹아 있는 경우가 많다. 습관이 되지 않으면 매번 의지력 싸움이 되고, 부모의 개입이 더 필요해지게 된다. 일정한 시간대를 정하고 공부하는 습관을 만드는 것이 좋다. 처음부터 욕심에 긴 시간을 계획하는 것보다 짧고 규칙적인 계획을 해야 한다.

　계획→ 실행→ 점검→ 수정의 사이클을 부모와 함께 만들어 실천해야 효과적인 결과를 얻을 수 있다. '작심삼일'이라는 말은 굳게 먹은 마음이 흐지부지된다는 뜻이다. 하지만 3일마다 계획을 수정하면 더할 나위 없이 좋은 결과에 도달하지 않겠는가. 세상의 흐름이 빨라지듯이 사람이 하고자 하는 일들도 쉴 새 없이 바뀌고 생겨난다.

　아이들의 심리상태도 그러하다. 단단함보다 유연한 습관이 더 강력한 힘이 될 것이다.

　부모는 아이의 삶에서 감독이나 통제자가 아니라, 코치가 되어야 한다. 코치는 전략을 알려주고 훈련을 도와주지만, 경기는 아이가 지접 뛰어야 한다.

　아이의 실수를 허용하고, 실천하는 과정을 격려하며, 결과에 일희일비하지 않는 부모의 태도가 아이를 성장시킨다. 완벽한 부모가 아니라 끊임없이 배우고 함께 성장하려는 부모가 최고의 환경이 된다.

　아이를 변화시키고 싶다면, 먼저 가정에서 환경을 돌아봐야 한다. 스스로 공부하는 아이는 특별한 재능이 아닌, 일상 속 작은 습관과 부모의 지지 속에서 만들어진다.

아이와 미디어의 건강한 관계 맺기

우리 아이들은 태어날 때부터 휴대폰, 태블릿, 유튜브, 넷플릭스, 게임 등 다양한 미디어와 함께 자라고 있다. 유치원생도 유튜브를 검색하고, 초등학생은 휴대폰으로 숙제를 제출하며, 중·고등학생은 SNS를 통해 친구들과 연결된다.

이처럼 디지털 미디어는 이제 선택이 아닌 '환경'이 되었고, 아이는 그 환경 속에서 성장하고 있다. 이런 환경은 아이들에게 무궁무진한 기회를 주기도 하지만, 동시에 심각한 위험도 내포하고 있다. 미디어 과의존, 콘텐츠 중독, 수면 부족, 주의력 저하, 사회성 약화, 정서 불안 등은 최근 들어 부모들이 가장 걱정하는 문제 중 하나이다.

하지만 무조건 '보지 마라', '하지 마라'는 방식은 통하지 않는다. 아이가 미디어를 '잘 활용할 수 있도록' 돕는 것이 필요하다. 이제는 스마트한 미디어 사용을 가르치는 디지털 양육의 시대인 것이다.

미디어의 순기능

　학습도구로서 디지털 콘텐츠는 정보 전달력과 흥미 유발 측면에서 뛰어나다. 예를 들어, 유아는 애니메이션을 통해 언어를 배우고, 초등학생은 유튜브를 활용해 과학 실험을 시청하며, 중고생은 인터넷 강의를 통해 심화 학습을 할 수 있다.

　최대한 늦게 휴대폰을 사주겠다는 부모의 계획은 예상보다 빨리 바뀐다. 학교 숙제도 휴대폰으로 확인하고 조별 활동을 위해서도 휴대폰이 필요한 경우가 많다. 순기능이라고 보다는 어쩔 수 없는 변화에 적응하는 것이라고 할 수 있다.

　교우관계부터 SNS, 커뮤니티 활동 등을 통해 다양한 사람과 소통하고 협업하는 경험을 할 수 있다. 그림, 영상 편집, 음악 작곡 앱 등을 통해 아이는 창의적 표현을 실현할 수도 있다. 특히 자기 표현과 자율성이 강조되는 시대에서 미디어는 창의력의 중요한 발판이 되기도 한다.

　그림을 그리는 것을 좋아하는 아이를 미술학원에 보내는 시대가 아니다. 기능 좋은 패드를 구매해 주는 경우가 훨씬 많다. 유튜브를 보며 실력을 키우는 아이들을 종종 볼 수 있다.

미디어의 역기능

　짧고 자극적인 콘텐츠는 아이의 집중력을 낮추고, 계획력, 자기 조절력 등 실행 기능 발달을 방해할 수 있다. 밤늦게까지 휴대폰을 사용하면 수면의 질이 저하되고, 성장 호르몬 분비에도 영향을 미친다.

잠을 충분히 자지 않으니 학교에서 수업 시간에 자는 아이들이 늘어나고 있다.

게임, SNS, 유튜브 등에 지나치게 몰입하면 현실 적응력과 감정 조절 능력이 떨어질 수 있다. 미디어가 없는 상황에서 불안과 짜증을 보이는 경우도 있다. 아장아장 걷는 어린아이도 유튜브를 보던 기기를 끄면 짜증을 내는 모습을 목격할 수 있을 것이다.

오프라인 친구보다 온라인 관계에 의존하게 되기도 한다. 갈등 해결 능력이나 공감력, 언어 표현력이 약해져 학교 생활에 적응하지 못해서 힘들어하기도 한다.

가정의 미디어 사용규칙 만들기

모든 가족이 지킬 수 있는 규칙을 함께 정해서 실천하는 것이 좋다.

예를 들어, "식사 중엔 휴대폰 없이", "밤 9시 이후 휴대폰 충전 장소는 거실" 등 아이와 함께 규칙을 만들면 자발적 동참률이 높아진다.

학부모교육을 할 때마다 빠지지 않는 질문 중 하나가 "휴대폰 사용 시간 몇 시간이 좋은가요" 이다. 그럴 때마다 반문을 한다. "부모님은 하루에 얼마나 하시나요?"

대부분의 반응은 당황이다. 부모가 늘 휴대폰을 손에 쥐고 있다면, 아이에게 미디어 절제는 설득력이 없다. 오히려 질문이 바뀌어야 된다고 생각한다. "아이와 함께 있는 동안 부모가 얼마나 휴대폰을 보면 좋을까요?"라고 말이다.

부모가 책을 읽거나 TV보다 대화를 선택하는 모습이 더 큰 영향력을 미친다는 것은 누구나 아는 사실이다. 부모가 먼저 실천할 수 없는 규칙은 쓸모없는 규칙이다. 아이가 아닌 부모가 실천할 수 있는 규칙을 먼저 생각한 후 아이와 함께 정하면 더 나은 방법이 될 것이다.

대안활동 준비하기

미디어를 제한하려면 그 자리를 대체할 흥미로운 활동이 필요하다. 종이접기, 블록, 만들기, 쿠킹, 운동, 보드게임, 산책 등 여러 가지를 준비하는 것이 효과적이다. 아이가 스스로 선택할 수 있도록 '놀이 선택지 목록'을 벽에 붙여 두는 것도 방법이다.

하지만 대안활동도 한계가 있을 것이다. 부모가 무조건 준비하는 것보다 매주 가족이 함께 고르는 놀이 만들기도 추천한다. 오히려 아이들의 아이디어가 더 뛰어날 수도 있고, 아이들이 함께 하고자 하는 놀이를 고민하는 것부터 가족 활동이 매력적으로 느껴질 수 있을 것이다.

우리는 미디어 없는 세상을 상상하기 어려운 시대에 살고 있다. 아이의 미디어 사용을 제한하는 것은 단기적인 해결이다. 무조건 통제하는 것보다 아이 스스로가 자신의 사용을 '계획하고, 조절하고, 돌아보는 힘'을 기르도록 돕는 것이 중요하다.

미디어 시대를 피할 수 없다면, 아이와 함께 건강하게 헤엄치는 법을 배워야 한다.

부모가 먼저 미디어에 대한 철학을 세우고, 아이에게 올바른 방향을 보여준다면 디지털은 아이의 성장을 도와주는 훌륭한 도구가 될 수 있다. 미디어는 아이의 적이 아니라, 잘 쓰면 힘이 되는 도구이다.

디지털 시대를 살아가는 현실 속에서 하루하루 쌓이는 부모의 작은 실천이 아이의 평생 디지털 습관을 결정짓는다.

아이의 스트레스 돌보는 방법

　스트레스는 만병의 근원이라고 한다. 어딘가 이유 없이 아파 병원에 가면 특별한 병명은 없지만 스트레스 때문일 거라며 약을 처방받은 적이 있을 것이다. 결국은 약이 아닌 다른 방법으로 스트레스가 풀리면 몸도 건강해지는 느낌이 들기도 한다. 어른인 우리들도 이렇게 이유 없이 아플 때가 있다. 아이도 마찬가지다. 유난히 짜증을 많이 내거나, 혼자 있으려 하거나, 아프지도 않은데 아프다고 자주 말하는 경우가 있을 것이다.

　이런 작은 변화들은 종종 성장 과정에서 생길 수 있는 일이라며 지나치기 쉽지만, 아이에게는 분명한 스트레스 신호일 수도 있다. 스트레스는 어른들만의 문제가 아니다. 오히려 아직 감정 조절 능력이 완전히 발달되지 않은 아이들에게 스트레스는 더욱 깊은 영향을 미치고, 제때 잘 다뤄주지 않으면 정서적 어려움이나 행동 문제로 나타난다.

스트레스 신호 읽기

아이들은 스트레스를 느끼더라도 그 감정을 말로 표현하기 어려워한다. 행동으로 나타나는 경우가 더 많다. 평소보다 말수가 줄고, 이유 없이 짜증이 늘고, 사소한 일에도 과민반응을 보인다. 배가 아프다거나 머리가 아프다고 자주 한다. 자다가 자꾸 깨거나 악몽을 꾸기도 한다.

이런 변화는 단순한 기분 문제를 넘어서, 아이가 무언가 감당하기 힘든 감정을 안고 있다는 신호일 수 있다. 아이의 스트레스는 꼭 큰 사건 때문이 아니어도 생긴다. 학교에서의 긴장, 친구 관계의 어려움, 가족 내 분위기 변화 등 다양한 상황이 영향을 줄 수 있다.

부모 입장에서는 별 것 아닌 이유가 아이에게는 죽을 만큼 힘든 경우도 있다. 스트레스 신호를 읽을 때는 부모 입장에서 아닌 오로지 아이 입장에서 생각하고 느껴야 한다. 어른이 되면 지금보다 더 힘들 텐데 이정도 가지고 힘들면 안 된다는 생각은 어른의 생각이다. 눈앞의 문제가 원만히 해결되어야만 아이가 어른이 되어서 부딪히는 일도 잘 헤쳐 나갈 것이다.

아이의 스트레스 신호를 민감하게 읽기만 해도 부모에게 의사보다 더 뛰어난 치료 방법이 생길 것이다.

일상생활 속에서 스트레스 풀기

아이들은 스트레스를 풀기 위해 따로 시간을 내어 상담받아야 하는 건 아니다. 사실 요즘 조금만 이상 현상이 있어도 병원이나 상담

센터를 찾는 부모가 늘어나고 있다. 어쩔 땐 정말 별일 아닌데 부모의 조바심 때문에 가는 경우도 있고 어쩔 땐 부모가 충분히 도와줄 수 있는데 가는 경우도 보았다.

오히려 일상생활 속에서 자연스럽게 감정을 말하고, 몸을 움직이며, 부모와 연결감을 느끼는 경험이 더 중요하다. 어쩌면 스트레스의 근원지가 가정일 수 있을테니 말이다.

아이를 키우며 한 번쯤 해봤을 질문 "오늘 어땠어?".

제일 피해야 할 질문 중 하나이다. 너무 막연한 질문이다. 매일 일상이 비슷한 상황에서는 지겨운 질문이기도 하다. 역지사지로 생각해 보면 바로 이해 가는 부분일 것이다. 질문은 구체적이어야 한다. 질문보다 부모가 일상을 먼저 말해보는 것도 추천한다.

또한, 감정을 말로 표현하기 어려운 아이들은 감정 그림 카드나 표정 인형, 그림일기를 활용해보는 것도 좋다. 아이가 말로 하지 못한 감정을 눈으로 확인하고, 자연스럽게 대화를 나눌 수 있는 기회가 될 것이다.

기상 시간, 식사 시간, 놀이 시간, 잠자는 시간을 일정하게 유지하는 것이 안정감을 갖게 해 준다. 갑작스러운 변화가 있을 때는 미리 알려 주면 변동 사항을 아이들이 편하게 잘 받아들인다. 이런 습관은 안전함으로 느끼는 기본적인 신뢰감을 심어준다.

아이에게 스트레스는 '생각'이 아니라 '몸'으로도 쌓인다.

놀이터에서 뛰어놀기, 간단한 체조, 음악에 맞춰 춤추기 같은 활동은 뇌의 긴장을 풀고 감정을 정리하는 데 매우 효과적이다. 몸을 움직이며 감정을 풀게 하는 방법이다.

그러한 이유로 태권도, 줄넘기, 놀이체육을 시키는 부모가 많다. 꼭 비용을 들여 시키지 않더라도 잠깐의 시간에 몸을 움직이게 하는 방법은 얼마든지 많다.

정서적 안전기지

아이가 "오늘 학교 가기 싫어"라고 말했을 때 "왜? 안 가면 안 되지!"라고 즉시 반응하는 대신, "학교 가기 싫을 정도로 뭔가 힘든 일이 있었나 보구나"라고 말해보면 어떨까?

학교를 안 간다는 것이 주제가 아니고 무슨 일이 있는지가 중요하다. 대화의 포인트를 잘 잡으면 아이들은 자기감정이 이해받았다고 느낄 것이다.

때때로 아이의 말은 듣는 순간 부모도 스트레스를 받는다. 부모가 늘 불안하거나 예민한 상태라면, 지나치게 화를 내게 된다. 아이는 그 감정을 고스란히 받아들이게 된다.

부모가 자기감정을 적절히 표현하고 관리하는 모습을 보여주는 것이 아이에게 최고의 교육이다. "엄마도 오늘 힘들었어.", "조용히 생각하며 쉬는 시간이 필요해." 같은 표현을 감추면 안 된다. 부모가 감정을 돌보는 모습을 자연스럽게 보여주면 아이에게 감정을 조절하는 건강한 모델이 된다.

아이의 스트레스를 돌보는 데 가장 중요한 건 아이가 마음껏 기대고 감정을 표현할 수 있는 안전기지가 되어 주는 것이다.

아이의 스트레스를 완벽하게 막을 수는 없다. 적절한 방법으로 돌보는 것이 가장 현명하다. 하지만 스트레스를 살피고 보듬는 일은 결코 쉽지않다.

부모의 민감한 관찰, 따뜻한 공감, 안정적인 일상은 아이가 스트레스를 건강하게 경험하고 이겨낼 수 있도록 도와준다. 이러한 돌봄에는 큰 에너지가 요구된다. 그럼에도 불구하고 우리는 그 에너지를 거침없이 소모해야 한다.

완벽한 부모가 되는 것보다, 따뜻하게 함께 머물러주는 부모가 더 중요하다.

혼자가 아니라는 느낌을 줄 수 있는 부모의 존재감은 삶의 어떤 어려움도 담담하게 마주할 힘을 조금씩 키워줄 것이다.

오늘부터 실천할 수 있는 것들

☐ 아이의 의견을 상황에 맞게 존중하고 있는가?

☐ 아이의 강점을 발견하려고 노력하고 있는가?

☐ 결과보다 과정을 칭찬하고 있는가?

☐ 건강한 경계를 설정하고 있는가?

제 3 장

함께 성장하는 부모와 아이

부모 자신의 성장이 아이의 성장으로 이어진다

"좋은 부모"라는 말은 무겁다. 좋은 부모가 되기 위해 노력하는 것만으로도 아이는 잘 자란다. 부모의 희생, 인내, 헌신, 감정 조절, 아이 중심의 삶… 끝이 없다. 이 모든 것은 갖추다 보면 부모는 지친다.

많은 부모가 착각하기 쉬운 게 하나 있다. 부모의 헌신이 아이를 잘 키우는 것이라 생각한다는 것이다. 대대로 우리네 부모님들이 우리를 그렇게 키우셨기 때문일 것이다. 먹고 싶은 것, 하고 싶은 것, 감정까지 참고 숨기며 아이를 키우는 것이 하나의 덕목처럼 여겼었다.

부모가 진짜 행복해야 아이도 행복하다. 아이가 잘 크는 것도 행복이지만 부모 자신의 행복을 위한 방법을 찾아 함께 성장해야 한다. 나 자신을 돌아보고, 내면의 감정과 대면하며, 미처 성장하지 못한 나를 성장시키는 것이 필요하다.

아이들은 말보다 분위기를 더 잘 읽는다. 말보다는 표정을, 논리보다는 감정을 먼저 감지한다. 영유아기부터 초등 시기까지는 아이의 뇌가 빠르게 발달하는 시기라서 부모의 감정 상태, 언어 습관, 반응 방식 등이 아이의 정서 발달에 직접적인 영향을 미친다.

불안한 부모 밑에서 자란 아이는 자주 눈치를 본다. 감정표현과 감정 조절이 어려운 부모의 아이는 자신의 감정을 억누르거나 반대로 폭발하기도 쉽다. 부정적인 부모의 아이는 자기비판에 익숙해진다.

이러한 사례들은 단순히 양육방식의 문제가 아니다. 부모의 내면에서 비롯된 것이다. 어릴 때부터 인정받지 못한 경험, 상처받은 감정, 외면한 자존감은 시간이 지나도 사라지지 않는다. 트라우마처럼 지워지지 않고 내재되어 있다가 불쑥 나타난다. 아이를 키우는 과정에서 더 잘 나타난다.

아이를 키우는 과정 속 어려운 순간마다 이유를 알 수 없고 답답하기만 한 적이 있을 것이다. 마냥 화만 나는 상황도 있다. '내가 왜 이러나?' 싶을 때도 있다. 그 답은 아이에게 있는 것이 아니라, 부모 자신 안에 있는 경우가 많다

나를 들여다보는 용기

부모로 산다는 것은 아이를 통해 나를 다시 돌아보는 기회인 것 같다. 아이가 떼를 쓸 때, 사춘기라며 대화가 단절될 때마다 내 감정이 요동치는 이유는 내 안의 통제 욕구 때문일 수 있다. 아이가 말을 안 들을 때, 나를 무시한다고 느껴질 때 사실은 내가 존중받지 못했던 과거가 되살아나서 힘든 것일 수 있다.

지금의 감정은 어디부터 시작일까? 어떤 어린 시절을 보냈었지?

어떤 부모로 살고 있는가? 때로는 상처를 마주해야 하고, 회피했던 기억을 꺼내야 한다. 그래야 더 단단해지고 유연해진다. 아이에게 요구하기 전 부모가 먼저 돌아보고 실천하는 것이 가장 효과적인 방법이다.

나를 들여다보는 데는 상당한 용기가 필요하다. 사랑하는 아이가 생긴 순간부터 부모는 슈퍼맨이 된다. 뭐든 해 주고 싶고 힘든 것은 부모가 하려고 한다. 그러한 사랑의 마음으로 나를 들여다본다면 그리 어려운 일은 아닐 것이다.

아이에게 미치는 변화들

부모가 자신을 돌보기 시작하면, 아이의 행동도 자연스럽게 바뀌기 시작한다.

감정을 표현하지 못하던 엄마가 자신의 감정을 솔직하게 말하기 시작하면, 아이도 감정을 언어로 표현하기 시작한다.

완벽을 추구하던 아빠가 실수를 인정하고 웃으며 넘어가는 모습을 보이면 아이도 실수나 틀림을 두려워하지 않게 된다.

하루도 빠짐없이 바쁘던 엄마가 자신을 위해 여유로운 시간을 보내는 것을 본 아이는 혼자만의 시간을 자연스럽게 가지게 된다.

부모도 감정이 있고 서투르지만 배우는 모습을 자연스럽게 보여주는 것이 좋다. 작은 변화들은 강력한 신호로 작용 될 것이다. 부모가 자기 삶을 주체적으로 살아가는 모습을 보여주는 것만큼 강력한 교육은 없다.

나를 위한 시간 확보하기

일주일에 단 1시간이라도 혼자만의 시간을 확보하라. 좋아하는 취미, 산책, 책 읽기, 카페에서 멍때리기 등 누구의 엄마나 아빠가 아닌 '나'로서의 시간은 마음을 환기시켜 줄 것이다.

그 누구도 아닌 나만을 위한 시간 확보하자.

그러한 시간들이 조금씩 늘어나고 습관이 되면 때때로 느끼는 감정들 중 가장 강하게 느꼈던 감정들을 기록해 보면 도움이 된다. 왜 그런 감정을 느꼈는지, 어디에서 비롯됐는지 곰곰이 돌아보는 시간이 필요하다. 그러다 보면 감정의 자동 반응에서 벗어날 수 있다. 스스로 제어할 수 있는 의식적인 선택이 가능해진다.

내 안의 어린 시절, 상처받았던 그 아이에게 말을 걸어 보는 것도 해 보아야 한다.

"너무 힘들었지?", "지금은 괜찮아.", "잘하고 있어"

이런 과정은 외로움과 분노, 인정욕구 등을 자연스럽게 치유해 준다. 누구나 상처는 있다. 어떻게 치유해 가느냐의 차이이다. 특별한 방법도 특별한 시기도 중요하지 않다. 잠깐의 시간 동안 내게 건네는 따뜻한 한마디가 가장 특효약이다.

부모는 미완성에서 시작된다

누구도 처음부터 좋은 부모는 아니다. 시행착오를 겪고, 자책하고,

때론 후회하면서 배워간다. 아이에게 "나는 아직도 배우고 있어"라고 말할 수 있는 부모가 좋은 부모이다.

자신의 부족함을 인정하고 개선해가는 부모야말로 아이에게 진짜 성장의 본보기가 된다. 완벽한 부모가 되는 것보다 성장하는 부모가 되는 것이 중요하다.

과도한 책임감, 불안, 통제 욕구, 자기 부정, 상처 난 과거를 들여다보고 인정하며 자유로워질 필요가 있다. 자유로워지면 자신을 존중하게 된다. 부모가 자신을 존중하는 모습을 보이면, 아이도 자신을 존중하게 된다. 부모가 삶을 주도적으로 살아가면, 아이 역시 주체적인 사람으로 자라게 된다.

아이를 성장시키는 가장 확실한 방법은 부모가 미완성에서 완성되어 가는 것이다.

아이를 이해하기 전에, 나를 이해해야 한다.
아이를 품기 전에, 나 자신을 먼저 품어야 한다.
아이를 성장시키기 위해, 나부터 성장해야 하는 것이다.

부모의 자기성찰이 아이교육의 시작이다

아이를 바꾸고 싶다면 부모가 먼저 바뀌어야 한다. 이것은 교육의 핵심이다. 자녀교육이라는 주제를 논할 때 학교 교육, 학습 방법, 진로 탐색 등의 '외부 환경'에만 주목한다. 하지만 모든 교육의 출발점은 부모이다. 부모의 내면에서 출발한다.

부모가 된다는 것은 단순히 아이를 낳는 것을 넘어, 한 사람의 인생을 함께 키워가는 여정이다. 부모는 끊임없이 판단하고 선택해야 한다. 그 선택에는 책임이 따른다. 내 아이의 인생의 방향이 바뀌는 중요한 순간들이다. 부모가 스스로를 돌아보지 않으면 자기도 모르게 자신의 과거 경험, 상처, 고정관념에 따라 아이를 대하게 된다.

인정받지 못하고 자란 부모는 아이에게 완벽함을 요구하는 경향이 있다. 아이가 잘해야 자신이 좋은 부모라고 생각하는 것이다. 어떤 부모는 "나는 공부 못 해서 이렇게 살잖아"라는 말을 자주 하며 아이를 몰아붙인다. 이것은 과거 자신의 아쉬움이 투영된 것이다.

부모의 내면에 자리 잡은 감정과 믿음, 상처와 기대가 아이 교육에 그대로 스며들 수밖에 없다. 자기성찰은 이러한 무의식적 영향력을 의식적으로 들여다보는 과정이며, 진정한 변화는 여기에서부터 시작된다.

그렇다면 자기성찰은 어떻게 해야 할까?

어렸을 때 가장 힘들었던 부모의 태도는 무엇일까? 같은 실수를 대를 이어 해서는 안 된다. 관습처럼 당연하게 행하는 것들이 옳은 것이 아니다. 무의식적으로 반복되는 패턴을 인지해야 한다. 우리는 닮고 싶지 않은 부모의 모습을 닮아 가기도 한다.

내 아이에게 자주 하는 말이 무엇일까? 몇 번만 생각해 봐도 평소 자신의 언어 습관 알 수 있다. 잘 떠오르지 않으면 아이에게 물어보는 것을 추천한다. 아이들은 정확히 알고 있을 것이다. 물어보면서 듣기 좋은 말과 듣기 싫은 말도 물어보면 나를 돌아보는 좋은 기회가 될 것이다. 무심코 던진 말들이 아이에게 어떤 의미로 남았는지 알게 된다.

아이와 갈등이 생길 때 어떻게 반응해야 할까?

대인관계의 갈등 상황과는 다른 반응일 것이다. 아이는 약자이기 때문에 생각보다 좋지 않은 반응을 하는 어른들이 많다. 감정적으로 대응하거나 감정 조절이 안 되어 지나치게 반응하기도 한다. 이러한 상황들은 감정 조절 능력을 돌아볼 수 있다.

나는 어떤 부모가 되고 싶은 걸까?

이상적인 부모상을 생각하면 안 된다. 어쩌면 자신이 어렸을 때 바라는 부모상이지 않을까 싶다. 구체적이고 실천할 수 있으며 진심으로 우러나오는 바람을 생각해 보면 된다. 이것은 방향성을 세우는 데 도움이 된다.

이런 질문들은 자기비판을 하기 위함이 아니라, 의식적인 부모가 되기 위한 정직한 점검이다.

실천을 위한 습관

자녀와의 하루를 돌아보며, 어떤 대화를 나눴는지, 내가 어떤 감정을 느꼈는지를 부부가 함께 대화해 보는 것도 좋다. 둘의 언행을 질책하는 시간이 아님을 명심해야 한다. 자칫 부부싸움이 되기도 하니까.

"오늘 아이에게 화를 냈는데, 사실은 내 업무 스트레스 때문이었더라구."

"아이가 말을 안 들을 때, 나는 우울해져."

이런 대화들은 감정과 반응의 원인을 들여다보는 힘을 길러준다. 단순한 후회와 칭찬의 시간이 아니다. 학습의 기회가 되며 발전 가능성을 보여준다. 아이와 상호작용하는 동안의 감정을 체크 하다 보면 감정의 노예가 되지 않을 것이다.

혼자 성찰하는 것도 중요하지만, 부부가 함께 점검하면 더욱 효과적이다. 서로의 반응을 돌아보고, 아이에 대한 생각을 나누는 시간을 주기적으로 갖는 것이 좋다. 단, 상대방을 비판하려는 마음이 아니라 함께 성장하자는 태도가 기본이 되어야 한다.

아이와 대화하기 전 나를 다독이는 습관도 도움이 된다. 내가 원하는 또는 예상하는 반응과 답변이 아닐 수도 있다는 생각을 기본으로 두어야 한다. 습관이 되면 부모 스스로 컨트롤할 수 있는 역량이 길러진다. 아이의 반응에 '왜 이러지?'가 아니라 '그럴 수도 있지'가 기본이 되면 된다.

자기성찰을 실천한 부모들의 사례를 보면, 아이의 변화보다 부모 자신의 변화를 먼저 느낀다고 이야기한다.

"화를 내는 순간, 내가 왜 화났는지를 인식하게 되니 감정이 조절되더라고요."

"예전에는 아이가 뭘 못하면 다 내 탓 같았는데, 이제는 아이를 있는 그대로 보게 되었어요."

"아이를 가르치려 하지 않고 함께 하려는 자세가 되니 갈등이 줄었어요."

아이 교육은 결국 인간관계의 한 부분이다. 타인이라면 하지 않았을 말과 행동을 내 아이라서 서슴지 않고 하는 경우가 많다. 부모가 자신을 돌아볼수록 아이도 자연스럽게 자신을 돌아보는 힘을 갖게 된다. 자기성찰은 교육의 본질이다.

부모가 늘 불안해하며 조급해하면 아이는 아무리 안정된 환경에 있어도 안정을 느끼기 어렵다. 반대로 부모가 상황을 유연하게 바라보고 아이의 속도를 존중할 때, 아이 역시 여유를 배운다. 부모가 갈등을 해결하는 방식을 보면 아이도 그 방법을 따라 배우고, 부모가 감정을 표현하거나 억제하는 방식 역시 그대로 모방한다.

부모도 부모가 처음이다. 아이마다 타고난 기질이 다르니 아이마다 대하는 것도 다 처음이다. 아이에게 "괜찮아.", "지금 잘하고 있어", "있는 그대로 사랑해"라는 말을 하기 전에 자신에게 먼저 하길 바란다.

자기성찰이라는 숙제를 하려는 마음은 아무 의미 없다. 자신도 부모가 처음이니 자신은 아끼는 마음으로 마음을 들여다보는 것이 바로 자기성찰인 것임을 잊지 말아야 한다.

가족문화와 가치관 형성의 중요성

　가족문화란 단순히 함께 사는 생활 습관을 의미하는 것은 아니다. '우리 집은 이런 식으로 산다', '우리 가족은 이렇게 말한다', '우리 가족은 이런 걸 중요하게 여긴다'는 식의 생활 방식과 관계 맺는 태도 전반을 의미한다. 가정 내에서 반복적으로 나타나는 행동, 말투, 규칙, 기대, 가치, 감정표현 방식 등 모두 포함하는 말이다.

　가족문화는 아이의 가치관 형성에 결정적 영향을 줄 뿐만 아니라, 정서적 안정감을 느낄 수 있다. 가족이 갈등을 다루는 태도, 서로에게 사용하는 언어, 감사와 존중을 표현하는 방식, 규칙과 자유의 균형 등 여러 가지 요소들이 축적되어 가족만의 고유한 분위기와 철학을 형성한다. 그 철학은 아이가 세상을 해석하는 가치관이 된다.

앎이 아닌 삶

　어떤 부모는 아이에게 인성과 도덕을 가르치기 위해 많은 책을 읽혀주고, 좋은 강의를 찾아 보여주기도 한다. 이러한 노력들은 무척 가치 있는 일이지만 충분하다고 할 수는 없다. 가치관은 배우는 것이 아니라 경험을 통해 형성되기 때문이다.

아이마다 인사하는 방법, 친구나 선생님을 대하는 방법, 사용하는 언어가 모두 다르다. 아이의 행동 패턴과 대화법을 경험 후 부모와 상담할 때 많은 것을 느끼고 배운다. '어쩜 이렇게 같을까.'. 부모로서 나를 돌아보는 기회이기도 했다.

아이가 부모의 행동을 그대로 따라 하고 반복하는 이유는 부모는 가족 내에서의 현실적 모델이기 때문이다.

"예의 바르게 행동해야 해." "남을 배려해야지." 흔히 하는 말들이다. 진짜 중요한 것은 이런 말들보다 보여주는 것이다. 예의 바른 행동과 배려하는 모습을 보여준다면 굳이 말로 하지 않아도 아이는 알고 흡수한다.

가족문화는 무의식으로 만들어진다. 딱히 이유가 있어서 하는 행동들이 아니다. 특별히 누가 정한 것도 아니다. 그저 반복되는 패턴이 자리 잡은 것이다.

아이가 무언가를 이루었을 때, 칭찬보다 "그래서 다음 목표는 뭐야?"라고 묻는 가족, 가족 식사 중 휴대폰을 당연하게 사용하는 분위기인 가족, 남들보다 잘해야 경쟁력이 있다는 가족, 주변인들의 안타까운 사연을 내 일처럼 여기는 대화하는 가족 등 무의식으로 하는 언어와 행동들은 아이에게 무언의 메시지가 된다.

그 메시지는 가치관이 된다. 따라서 건강한 가치관을 형성하려면 가족문화를 의식적으로 바꿀 필요가 있다.

건강한 가족문화=선물

건강한 가족문화는 아이에게 선물이다. 실수해도 함께 해결하는 문화로 믿음이 생긴다. 신뢰를 느낀 아이는 세상 속에서도 자신은 소중히 여길 줄 알게 된다. 가족문화 속에서 인정받은 경험은 정체성과 자존감으로 남는다.

가정 안에서 갈등을 피하지 않고 잘 풀어나가는 문화는 문제 상황에서 무너지지 않고 해결책을 찾으려는 태도를 갖게 된다.

존중과 배려가 당연한 문화 속에서 자란 아이는 자연스럽게 타인과의 관계에서도 같은 기준을 적용한다. 친구, 선생님, 크면 배우자와도 건강한 관계를 맺는 연습이 된다. 말투, 표정, 타인의 관계 존중 등은 모두 가정에서 배우는 기술이다.

지도하는 아이 중 수업을 끝나면 90도로 허리를 굽혀 "감사합니다"라고 인사하는 아이가 있다. 처음에는 그냥 형식적인 인사로 받아들였다. 그러다가 몇 번 아이의 인사에 뭉클한 적이 있었다. 아이의 인사말 다섯 글자가 여러 가지 말로 들렸다. "가르켜 주셔서 감사합니다.", "덕분입니다.", "수고하셨어요" 등 분명 아이는 다섯 글자만 말했는데 아이의 태도가 선생님으로서 느낄 수 있는 최고의 기분이 들었다. 며칠 후 어머님과 통화하다가 아이의 태도가 부모에게서 그대로 흡수되었음을 알게 되었다. 언어적 예의, 누구에게나 먼저 인사하기, 길에 핀 꽃도 못 꺾게 하신다는 말을 듣고 마음이 내내 따뜻했다. 통화 중 바로 든 생각은 '부모가 줄 수 있는 선물 중 아주 큰 선물을 받았구나.'였다.

건강한 가족문화 형성을 위한 제안

　가족문화를 바꾼다는 것은 거창한 것이 아니다. 무의식에서 의식적 실천이 필요하다. 알고 있지만 쉽지 않다는 것은 핑계에 불과하다. 아주 조금씩 하면 할 수 있다.

　아주 짧은 시간이라도 대화가 필요하다. 약속하고 시간 맞춰 대화하지 않더라도 몇 분을 해야 하느냐가 아니라 시도하는 것이 포인트이다. 서로의 일상 이야기를 통해 감정을 나누고 하루를 들어주는 것만으로 충분하다. "고맙다." "미안하다." "덕분이다."라는 말을 자연스럽게 주고받는 것이 중요하다. 감정을 표현하는 것은 타인을 존중하는 태도의 기초가 된다. 감정표현이 훈련되면 부끄러움보다 안정감이 자리 잡을 것이다. 아이도 부모도.

　작은 가족만의 이벤트를 정하면 도움이 된다. 매주 또는 한 달에 한 번 산책, 요리, 영화관, 미술관, 편지쓰기 등 가족만의 색깔에 맞춰 반복 가능한 이벤트를 하면 습관이 되어 따뜻한 문화로 정착할 것이다. 가족문화는 매일 새롭게 선택할 수 있다. 서로에게 강요하지 않고 함께 변화해 보는 것이 중요하다. 작은 실천들이 아이의 삶에 뿌리가 될 것이다.

　좋은 가치관은 삶의 나침반이 된다. 좋은 가치관은 건강한 가족문화에서 비롯된다. 부모는 아이가 잘 살기를 바란다. 이 말속에는 행복, 성취, 인간관계, 자율성 등 많은 의미가 담겨 있다. 그런 삶을 가능하게 하는 것은 '무엇이 옳고 그른 걸까', '나는 어떤 사람이 되고 싶은가'를 아는 능력이다. 이 능력은 수치로 측정할 수 없고, 단기간에 드러나지 않지만, 시간이 지날수록 삶 전체에 큰 차이를 만들어낸다.

가정은 아이가 처음 배우는 사회이다. 무엇이 당연한 일로 여겨졌는지가 아이에게는 세상의 기준이 된다. 가정에서 경험한 관계 방식, 말투, 가치 기준은 아이가 자라 사회에서 관계를 맺고 갈등을 풀어나가는 방식에 그대로 드러난다. 아이의 미래는 예측할 수 없지만 어떤 가치관을 가지고 살아가길 바라는지는 명확하다.

그렇다면 가족문화의 건강함부터 확인하고 수정해가야 한다.

아이에게 줄 수 있는 최고의 유산은 돈이 아니다. 가정 안에서 함께 만들고 살아오며 배운 따뜻한 문화이다.

평생 학습자로서의 부모 역할

　요즘 아이들은 우리가 자랄 때와는 완전히 다른 세상을 살고 있다. 유튜브, SNS, 메타버스, AI… 부모가 배우지 않으면 이해하지 못하고 이해하지 못하면 대화가 단절된 수밖에 없다. 많은 부모와 선생님들이 권위주의 의식이 있어 아이들을 이해하려 하지 않았던 옛날과는 너무나도 다른 세상이다.

　빠르게 변화는 세상 속에서 평생 배우며 성장해야 한다는 것은 모두 아는 사실이다. "나이를 먹어도 평생 배우며 살아야 한다.", "공부하는 습관은 어려서부터 길러야 한다.", "무엇이든 배우는 자세를 가져야 해." 이런 말들은 부모가 아이에게 자주 하는 말이다.

　아이에게는 끊임없는 배움을 기대하면서도, 자신의 배움에 대해서는 멈춰도 괜찮다고 여길 때가 많다. 나이 들면 배움은 그만해도 되고, 공부는 다 때가 있는 거라며 아이만 잘 배우면 된다고 생각한다.

　부모가 책을 읽지 않으면서 아이에게 책을 읽으라고 하는 것, 부모가 아이의 질문을 무시하면서 아이에게 탐구심을 가지라고 하는 것, 부모가 실수 앞에서 부끄러워하며 숨기면서 아이에게는 "실수해도 괜찮아"라고 말하는 것.

이런 상황들 속에서 아이들은 말과 행동에서 혼란과 불신을 느낀다. 반복되는 감정으로 인한 무의식은 배움에 대한 태도를 결정짓는다. 글로 배우고 말로 들으며 익히는 과정보다 무의식으로 습득한 것은 깊이 오래 새겨진다.

부모는 배우는 사람으로 보여줄 필요가 있다. 단순히 좋은 본보기가 되기 위한 것은 아니다. 부모 스스로 지속적으로 배우고 성장해야 그 배움이 아이에게 영향이 미치기 때문이다. 그 지속성이 아이의 무의식에 자리 잡을 수 있다.

아이들이 살아갈 세상은 부모 세대와는 전혀 다른 방식으로 움직인다. 기술, 가치, 관계, 일의 방식까지 빠르게 변화하고 있는 시대에 부모가 과거의 방식에만 머문다면 아이와 소통의 접점은 점점 멀어질 것이다. 변하는 것들을 배워 누군가를 지도하기 위함이 아니다. 변하는 것들을 배운다는 것은 받아들이고 이해하려 노력하는 것이다. 정보를 얻는 단순한 행위가 아니다. 아이와 소통하는 다리를 놓는 행위이다.

새로운 취미를 배우고, 독서를 즐기며, 삶을 넓혀가는 부모를 본 아이는 배움이 기쁨, 행복이 될 수 있다는 것을 배운다. 무엇이든 배우는 과정은 결과의 기쁨보다 오르락내리락하는 감정의 흔들림과 힘듦의 과정이 더 교훈을 준다. 배우면서 느끼는 좌절감, 이겨내는 성취감이 아이를 바라보는 눈을 키워 줄 것이다. 그로 인해 큰 효과 없는 잔소리가 줄어들고 공감과 응원의 대화가 된다.

부모 역할은 아이의 연령대에 따라 변해야 한다. 유아기에는 돌보는 역할, 초등학생은 함께 배우는 역할, 사춘기에는 대화하는 역할, 성인이 되면 동반자 역할.

아이는 쉼 없이 커가는데 부모는 제자리걸음을 하며 막막해하는 경우는 생각보다 많다. 자기 역할을 재정립하는 배움의 과정이 없기 때문이다. 평생 학습자로 살아간다는 것은 '나는 어떤 부모가 되고 싶은가'라는 질문을 계속 던지며, 스스로 갱신해가는 여정이기도 하다. 여정이 현명하지 않으면 방향을 잃을 수 있다.

배우는 부모의 모습

배운다는 것은 완벽하게 많은 것을 아는 것이 아니다. 모든 상황에 능숙하게 대처하는 능력을 말하는 것도 아니다. 배우는 부모는 아이의 질문에 "이건 나도 잘 몰라. 같이 찾아보자."라고 답하고, 화가 나 있는 아이에게 "아빠도 요즘 감정 조절을 연습하고 있어."라고 말할 수 있어야 한다.

배움은 학교에서만 일어나는 게 아니다. 일상 속 어디에서든, 어떤 방식으로든 시작할 수 있다.

먼저, 가장 쉽게 접할 수 있고 효과가 좋은 독서를 추천한다. 어떤 책이 좋은지를 고민하지 않아도 된다. 육아법, 심리서, 에세이 등 많은 책들 중 보통의 어른들이 읽는 책을 고르려 하는 경향이 있다. 독서라는 것은 말 그대로 책을 읽는 것이다. 어떤 책을 읽느냐가 중점이 아니다. 아이의 그림책부터 학습만화, 학습월간지도 좋다. 어린 시절 재미있게 읽었던 소설을 다시 읽는 것도 좋다.

독서는 질문을 품는 연습이다. 책을 통해 세상을 읽는 연습이 쌓이면 아이에게도 그대로 전달된다.

소모임, 강의, 학부모 교육과 같은 타인과 함께 나누며 배우는 과정에 참여하는 것은 아이에 대해 고민을 나눌 수 있는 부모 공동체 역할이 되어 큰 힘이 된다.

새로운 악기나 그림을 배우는 것과 일기 쓰기도 감정을 성찰하는 연습이 된다. 감정을 다루는 부모는 아이에게 정서 안정을 준다. 부모의 삶이 갇힌 것이 아니라 '확장이 가능하다'는 것을 보여주면 아이에게도 자기 삶에 대한 긍정적 상상력을 심어줄 수 있다.

부모가 배우기 시작하면 가정의 분위기는 조금씩 달라진다. 말투가 부드러워지고, 감정표현이 섬세해진다. 실수를 숨기기보다는 공유하고, 회복하는 문화가 만들어진다. 아이의 의견을 듣고, 함께 결정하려는 시도가 자연스럽고 많아진다.

이런 변화들은 아이에게 안전한 관계, 성찰하는 삶, 스스로 생각하는 힘을 선물해 준다.

부모는 아이를 위해 모든 걸 준비하려 애쓴다. 좋은 교육, 좋은 환경, 좋은 기회. 하지만 그 무엇보다 중요한 것은 좋은 부모가 되기 위한 나의 노력이다. 자신의 불완전함을 인정하고 그 안에서 끊임없이 성장하려는 사람이 되어야 한다. 그런 부모의 모습이 아이에게 가장 큰 영향력을 준다.

　아직도 배우고 있다는 태도와 용기가 아이의 미래를 바꾼다. 아이에게 배움을 가르치고 싶다면 부모가 배우는 사람이 되어야 한다. 어렵지 않다. 우린 모두 이미 배우는 중이기 때문이다.

부모도 실수할 수 있다

 부모가 된다는 건 누군가의 삶에 깊이 영향을 미치는 중대한 역할을 맡는 일이다. 의무처럼 생긴 책임감이 완벽하기 위해 실수를 용납하지 않으려 애쓰게 된다. 부모는 실수하면 안 되는 존재로 착각한다.
 부모라는 이름 아래, 우리는 자주 '완벽'해야 한다는 압박에 시달린다. 아이가 아프면 내 탓 같고, 아이가 친구와 다투면 내가 뭔가 부족했던 것 같고, 아이가 슬퍼하면 내가 더 잘했어야 했다는 죄책감에 사로잡히곤 한다. 부모가 된다는 것은 책임이 생긴다는 의미이지만, 그 책임감이 때때로 나 자신에게 가혹한 잣대가 되어서는 안 된다.
 세상의 모든 사람은 누구나 실수는 한다. 실수는 인간에게 자연스럽고, 심지어 때로는 배움의 기회가 되기도 한다. 하지만 유독 부모는 아이 앞에서 실수하는 것이 금기처럼 여겨진다.
 왜? 아마도 부모라는 자리는 '아이에게 해가 되어서는 안 된다'는 책임감, '나 때문에 아이가 잘못되면 안 된다'는 불안, '나는 좋은 부모여야 한다'는 기대가 무겁게 자리 잡고 있기 때문이다. 하지만 실수를 인정하지 않으면 성장도 어렵다. 그럴수록 아이에게 불안과 부담을 줄 수 있다.

많은 부모는 아이를 키우는 과정에서 크고 작은 실수를 경험한다. 잘못된 말을 하고, 무심한 행동을 하며, 때로는 분노나 피로에 휘둘려 후회할 말들을 뱉는다. 부모가 되었다고 해서 갑자기 성숙한 인간이 되는 것이 아니다. 아이와 함께 배우고, 아이와 함께 실수하고, 아이와 함께 성장해가는 존재가 바로 부모다.

실수를 인정하는 용기

아이는 실수하지 않는 부모보다 실수 후 회복하는 부모에게 더 많은 것을 배운다. 완벽한 사람은 없다. 부모 역시 완벽하지 않다. 실제로 완벽한 척하는 부모는 아이에게 위압감과 거리감을 주는 경우가 많다.

"엄마가 아까 화내서 미안해.", "아빠가 잘못 생각하고 말한 것 같아."라고 말할 수 있는 부모는 아이에게 감동과 신뢰를 준다. 아이의 정서적 안정감을 키우는 결정적인 순간들이다. 아이도 실수하면서 성장하기 때문에 '실수해도 괜찮아. 그걸 고치고 회복하는 게 더 중요해.'라고 말해주는 가장 좋은 방식은 부모가 먼저 그렇게 하는 것이다.

실수는 자연스러운 현상이다. 많은 부모는 실수보다 실수에 대한 자책이 마음속에 오래 머문다. '그렇게 말하지 말걸…', '아이 마음에

상처가 됐을까?', '내가 엄마 자격이 있을까?'

이렇게 자책할 시간에 인정하고 사과하고 회복하는 게 부모와 아이에게도 도움이 된다.

많은 부모가 자녀에게 사과하는 것을 어려워한다. 권위가 무너질까 두렵기도 하고 사과하면 아이가 버릇없어질 것 같아서다. 그러나 오히려 사과는 더 큰 배움을 준다. 부모가 사과하는 모습을 본 아이는 자신이 실수했을 때, 그것을 숨기기보다 드러내고 고치려고 한다. 타인의 입장을 먼저 생각하고, 상처 입은 누군가에게 진심 어린 말을 건넬 줄 알게 된다.

부모의 사과는 관계 회복의 기회가 된다. 나아가 아이의 삶에 영향을 미친다.

실수 인정의 교육적 가치

부모가 실수하고도 그걸 인정하고, 사과하고, 함께 풀어가려는 모습을 보일 때 아이는 더 성장한다. 문제를 인정하는 용기와 실수 이후의 책임감을 배운다. 어른이 되어서 꼭 필요한 삶의 기술을 배우는 것이다. 학교나 학원에서 배우기는 힘든 기술이다.

보통은 실수한 사람보다 실수를 인정한 사람을 더 신뢰한다. 완벽한 척하는 부모보다 부족하지만 솔직한 부모가 아이에게 더 가깝고 편안한 존재가 되는 것이 어쩌면 당연한 것이 아닐까. 부모의 노력은 말보다 행동으로 보여줄 때 신뢰가 생긴다. 신뢰를 통해 아이는 자존감이 뿌리내린다. 이 역시 선생님이 알려주기는 쉽지 않은 교육이다.

중요한 것은 실수를 부정하거나 두려워하는 것이 아니라, 그 실수를 어떻게 바라보고, 어떻게 회복해 나가느냐이다.

부모가 실수를 인정하고 사과하고 회복하고 다시 사랑을 전하느냐는 최고의 교육이다.

스스로 관대해지기

부모는 자녀에게는 한없이 따뜻하고 관대하면서도, 정작 자신에게는 매우 엄격한 기준을 들이댄다. 육아 과정에서 실수나 미숙함에 대해 스스로 비난하고 자책하는 것은 장기적으로 부모의 정서적 건강에도 악영향을 준다. 부모 스스로 위로하고 실수에 대해서 관대해질 필요가 있다.

자신을 몰아세우는 것은 결국 아이고 몰아세우게 된다. 관대해짐이 어렵다면 그것조차 아이를 위함이라 생각하고 연습해야 한다. 그러다 보면 결국 자신에게도 아이에게도 따뜻해질 것이다. 자신에게 따뜻할 수 있어야 아이에게도 따뜻할 수 있음을 기억해야 한다.

현대 사회는 부모에게 과도한 기준을 요구한다. 이상적인 양육방식, 정서적 지지, 교육 정보의 홍수 속에서 부모는 늘 더 나은 사람이 되어야 한다는 압박에 시달린다. 하지만 아이를 향한 사랑이 깊을수록 오히려 실수는 더 많이 발생한다. 사랑하는 만큼 조급해지고, 기대하는 만큼 실망하기 때문이다.

그러나 부모도 인간이기에 감정이 있고 실수도 한다는 것을 잊지 않는다면 아이에게 진정한 배움의 본보기가 될 것이다.

실수는 아이와 더 깊이 연결되는 시작이 될 것이고 완벽하지 않아도 된다. 실수할 수 있음을 받아들이는 부모는 용기 있는 따뜻한 어른이다.

완벽이 아닌 진심이 아이에게 전해질 때 진정한 완벽함이 이루지는 것은 아닐까.

건강한 경계 설정하기

아이에게 부모는 가장 중요한 세계이다. 아이는 부모를 통해 세상을 이해하고, 자기를 받아들이는 법을 배운다. 부모의 말투, 표정, 반응 하나하나가 아이의 내면에 깊은 자국을 남긴다. 생애 초기에 형성된 부모와의 관계는 이후 친구 관계, 연애, 결혼, 직장생활 등 삶 전반에 걸쳐 영향을 미친다.

부모의 사랑이 항상 아이에게 건강한 방식으로 전달되는 것은 아니다. 지나친 간섭, 과잉보호, 조건적 사랑, 비일관적인 태도 등은 아이에게 혼란과 상처를 줄 수 있다. 사랑은 건강한 관계의 시작이라 할 수 있지만 사랑만으로는 충분하지 않다. 관계는 기술이 필요하고 함께 성장하려는 의지에서 시작된다.

건강한 관계란 단순히 싸우지 않고 지내는 관계가 아니다. 아이가 부모와 함께 있을 때 감정적으로 안전하다고 느끼는가, 부모의 말과 행동에서 자신이 존중받고 있다고 느끼는가가 핵심이다.

아이는 성장 과정에서 끊임없이 세상을 탐색하고, 그 과정에서 수많은 실패를 경험한다. 아이가 실수했을 때 부모가 비난보다 이해와 지지를 보내는가, 감정보다 상황을 보는가에 따라 아이는 '나는 괜찮은 존재'라는 믿음을 키울 수 있다.

아이는 부모가 자신을 판단하거나 버릴까 봐 두려워하지 않고 있는 그대로의 자기를 드러낼 수 있을 때 심리적 안정을 느낀다.

정서적 안정감의 기초는 부모의 일관된 반응이다. 부모가 어떤 날은 아이의 실수를 관대하게 받아들이고, 어떤 날은 같은 행동에 대해 심하게 화를 내는 경우, 아이는 혼란을 느낀다. 일관성 없는 부모의 태도는 아이의 자아 개념 형성에 부정적인 영향을 준다.

아이의 감정과 생각을 진지하게 듣고, 판단 없이 바라봐 주는 태도가 필요하다. 아이가 어리다고 해서 그 감정을 사소하게 여기거나 무시하면, 아이는 점차 부모와 자신의 마음을 나누지 않게 된다. 존중은 단지 말을 높이고 예의를 지키는 것 이상이다.

경계 세우기

아이와 좋은 관계를 만들기 위해 무조건 잘해주는 것이 마냥 좋은 방법은 아니다. 흔히들 말하는 버릇없는 아이가 될 수 있다. 적절한 경계를 설정하고, 일관된 기준을 지키는 것이 훨씬 중요하다. 건강한 관계는 무조건적인 수용이 아니다.

"NO"라고 말할 수 있는 용기와 연습이 필요하다. 많은 부모가 사랑을 표현하기 위해 무엇이든 들어주려고 하는 태도를 보인다. 하지만 그것은 옳은 사랑이 아니다.

정해 놓은 규칙을 아이 눈치를 보며 자유를 준다면 혼란을 가르치는 것과 같다. 부모가 일관성 있게 'NO'를 말하고 그 이유를 설명할 수 있을 때, 아이는 자율성과 책임감을 배울 수 있다.

경계 없이 아이와 요구를 들어주다 보면 끝이 없어지고 통제할 수 없는 욕구와 충동으로 이어질 수 있다. 사랑과 허용은 다르다. 아이의 감정은 받아주되 행동에는 한계를 명확히 해야 한다.

"지금은 유튜브 볼 시간이 아니야", "그건 사줄 수 없어", "화가 나는 건 이해해. 하지만 동생을 때리는 건 안 돼." 하지 말아야 할 것, 멈춰야 할 것에 대해 양보해서는 안 된다. 이러한 태도는 아이에게 감정을 다루는 법을 알려주고, 사회적 규칙을 익히는 데 도움을 준다.

훈육은 체벌이 아니다. 아이가 사회적 규칙과 책임감을 배우도록 돕는 과정이다. 훈육이 효과적이기 위해서는 예측이 가능하고 일관된 방식이어야 한다. 올바른 훈육은 부모의 의무이다. 아이가 올바르게 클 수 있게 훈육하지 않는 것은 부모로서 직무유기라고 말하고 싶다.

어제는 허용했던 행동을 오늘 갑자기 혼내거나, 아이가 잘못했을 때마다 기분에 따라 반응이 달라진다면, 아이는 혼란 속에서 신뢰를 잃는다. 규칙은 단순하고 분명해야 하며, 부모 사이에서도 기준이 일치해야 한다.

경계를 세우는 데 있어 중요한 원칙 중 하나는, 아이의 감정은 받아들이되 행동은 지도한다는 것이다. 아이의 감정을 무시하지 않되,

감정을 어떻게 표현해야 하는지 알려주는 것이 부모의 역할이다. 이런 경험으로 배운 감정들은 평생을 살아가며 영향을 미치는 정서지능의 기본이 된다.

경청과 대화의 힘

아이와의 관계를 바꾸고 싶다면, 가장 먼저 바꿔야 할 것은 듣는 방식이다. 아이가 무슨 말을 할 때 바로 조언하거나 해결하려 하지 말고, 먼저 충분히 들어주는 태도가 필요하다.

많은 부모는 "우리 아이는 말을 잘 안 해요"라고 고민한다. 아이가 말을 하지 않는 이유는 '할 말이 없어서'가 아니라, '말해도 이해받지 못할 거라는 경험' 때문인 경우가 많다.

듣는 시간이 중요한 것은 아니다. TV를 끄고, 휴대폰을 내려놓고, 아이의 눈을 바라보며 듣는 10분은 하루 종일 잔소리하는 것보다 훨씬 더 깊은 관계를 만든다. 기다리는 여유도 필요하다.

아이와의 대화에서 중요한 것은 '무엇을 말했는가'보다 '어떻게 말했는가'이다. 아이는 부모의 말보다 표정, 말투, 분위기에 훨씬 더 민감하게 반응하기 때문이다. "이거 하랬지!"라고 말하는 것과 "이거 좀 해줄래?"라고 말하는 것 사이에는 감정적으로 큰 차이가 있다. 아이가 잘 반응하지 않을 때는 자신의 말투와 태도는 어떤지 돌아보는 것이 좋다.

부모와 아이의 관계는 고정된 것이 아니라, 매일매일 새롭게 만들어가는 과정이다. 잘 맺어진 관계는 아이의 정서적 성장뿐 아니라 부모 자신의 성숙을 이끈다. 관계가 어렵다고 느껴질 때 포기하지 말고 더 깊이 이해하고자 노력해야 한다. 관계를 바꾸는 열쇠는 부모의 마음 안에 있다.

건강한 관계는 특별한 기술이나 이론이 아닌, 관심, 경청, 존중, 일관성이라는 작은 태도에서 시작된다. 아이와의 사이가 멀어졌다고 느낄수록, 아이에게 다가가는 법을 다시 배워야 한다. 완벽한 부모가 만들어 내는 것이 아니라 불완전함 속에서도 진심으로 연결되기를 바라는 부모의 용기에서 시작된다.

부모로서 완벽해질 수는 없지만, 매일 더 좋은 관계를 만들어갈 수는 있다.

부모의 자기 돌봄과 스트레스 관리

　어른이 되어 결혼을 하고 아이를 낳아 부모가 된다는 것은 인생의 커다란 전환점이다. 아이가 태어나는 순간 새로운 이름이 생긴다. 엄마. 아빠.

　그 이름의 무게는 단순한 책임감으로 담아낼 수 없다. 아이의 울음 소리에 아무리 곤히 잠들어도 깨고, 아이의 감정에 온몸으로 반응하며 기본적인 삶의 리듬조차 틀어지며 감정의 기복과 피로의 누적은 일상이 된다. 이렇게 큰 변화를 견디게 하는 것은 아이에 대한 사랑이지만 그것만으로 부족하다. 부모의 헌신은 귀하지만 자기를 지키는 능력이 진정한 사랑이다.

　많은 부모는 자기 돌봄을 사치로 여기거나 등한시한다. "아이에게 더 신경을 써야 하는 건 아닐까?" "내가 쉬고 싶은 마음은 결국 이기적인 게 아닐까?" 하는 생각이 끊이지 않는다. 그러나 자기 돌봄은 단순한 휴식이나 즐거움을 넘어서, 건강한 양육하기 위해 꼭 필요하다.

자기 돌봄은 아이를 위한 투자이며 가정을 위한 필수 선택이다. 지치면 쉽게 예민해지고 짜증이 늘어나면 부정적인 표현을 하게 된다. 자기 돌봄은 이기적인 것이 아니다.

양육 스트레스는 단순히 아이로 인한 것은 아니다. 육아를 둘러싼 환경, 사회적 기대, 경제적 부담, 부부관계, 부모 자신이 지닌 성장 배경과 트라우마 등이 복합적으로 얽혀 있다. 사회적인 분위기로 완벽을 강요받기도 한다. 주변과의 비교 속에서 자책하며 우울해지기도 한다.

스트레스는 몸과 마음에 다양한 방식으로 신호를 보낸다. 피곤해도 잠이 오지 않거나, 자주 짜증이 나고 감정 조절이 어려워지는 것, 몸 여기저기 통증이 생기거나 갑작스러운 무기력함이 몰려오는 것이 스트레스의 신호이다. 많은 부모는 이런 신호를 무시하고 참는다. 참으면 병난다는 말이 그냥 나온 말은 아닐터. 참고 버틴다고 해소되는 것은 아니다.

자기 돌봄은 거창하거나 대단할 필요 없다. 중요한 것은 나의 고단함을 인정하고 허용하는 것이다. 나도 힘들다는 것을 솔직히 받아들이는 것이 시작이다. 내가 나를 아껴야 한다. 막연한 불편함을 구체화시키면 그 자체만으로 치유의 과정이 될 수 있다.

마음 편한 친구와 이야기하다 보면 기분이 좋아지는 경험이 있을 것이다. 특별히 무엇인가를 한 것은 아니지만 내 얘기를 하면서 풀리는 것이다. 스스로 얘기하다 보면 스트레스를 인정하게 되고 나아가 해결이 되는 경우도 있다.

심리상담을 받을 때도 자신의 이야기를 해 보는 것에서 시작된다. 내 말을 들어줄 사람이 없다고 느껴진다면 자신의 감정을 기록하는 감정 일기를 써보는 것도 도움이 된다. 매일 하루에 한 줄이라도, 오늘 내가 어떤 감정을 가장 많이 느꼈는지를 적어보면 좋다. 반복되는 패턴이 보일 것이고 감정의 뿌리도 찾을 수 있다.

일상에서 스트레스를 줄이고 자기 돌봄을 실천할 수 있는 작은 습관을 만들어 보자. 아침에 따뜻한 차 한 잔을 마시는 시간, 짧은 산책, 좋아하는 음악 듣기, 스트레칭 같은 소소한 습관은 생각보다 큰 안정감을 준다. 하루 10분이라도 나만의 시간을 정하고 어떤 이유로도 양보하지 않아야 한다.

혼자서 힘들다면 가족, 친구, 지역사회, 육아 지원 기관 등의 도움을 적극적으로 요청하는 것이 자기 돌봄의 시작이다. 배우자의 역할 분담은 필수이다. 한쪽만 부담이 크면 관계는 쉽게 무너진다. 배우자나 가까운 친구와 감정을 나누고, 가능한 한 말로 표현하자. "나 요즘 너무 힘들어. 그냥 들어만 줬으면 좋겠어." 이 한마디가 감정을 밖으로 내보내는 통로가 된다.

감정과 스트레스가 스스로 감당하기 어려운 수준이라면, 도움을 요청하는 것이 결코 부끄러운 일이 아니다. 심리상담, 부모 교육 프로그램, 코칭 등의 전문가 지원은 자기 돌봄의 효과적인 도구이다.

요즘 가장 큰 문제로 인식되는 것 중 SNS 속 완벽한 부모, 모범적인 아이의 이미지는 현실과의 괴리감을 크게 만든다. 잠깐이라도 스마트폰과 멀어지는 디지털 디톡스를 하는 것도 도움이 된다. 내가 누구와 비교하고 있는지를 자각하고, 그것이 지금의 내 삶에 어떤 영향을 주는지를 성찰해보는 시간도 필요하다.

좋은 부모 말고 그냥 부모 되기

우리는 흔히 좋은 부모가 되려 애쓴다. 하지만 좋은 부모에 대한 기준은 모호하고 이상적이다. 그냥 부모가 되는 것이 더 현실적이고 중요하다고 본다. 사실 아이들은 완벽한 부모를 원하지 않는다. 그저 사랑하고, 자신을 진심으로 대하며, 스스로 돌보는 모습을 보여주는 부모를 본보기로 삼을 뿐이다. 실수도 하고, 감정도 흔들리며, 때로는 아이 앞에서 눈물도 흘려도 된다. 그런 모습을 솔직하게 보여줄 수 있는 용기를 가진 부모가 되면 된다.

아이들이 부모를 사랑하는 것은 당연한 순리에 의해 정해진 그냥 부모 자체이다. 아이를 키우며 함께 성장해가면 된다. 부모 스스로 인간으로서 자율성을 찾아가면 된다. 인간은 완전하지 않아도 충분히 사랑받을 수 있다. 이런 인간의 모습은 아이에게도 건강한 모델이 될 것이다.

잠시 멈춰도 괜찮다. 힘들다고 말해도 괜찮다. 자신을 돌보는 시간이 아이를 더 깊이 사랑할 수 있는 바탕이 된다. 결국, 나를 돌보는 일이 우리 가족 전체를 지키는 일이다.

아이들은 부모를 보며 삶을 배운다. 부모가 감정을 다루는 방식, 스트레스를 해소하는 모습, 자신을 돌보는 태도는 모두 아이의 내면에 새겨진다. 이타적인 희생이 아닌 지침을 이해하고 다정하게 돌보는 자기 연민이 필요하다. 그 연민은 아이에게 따뜻한 사랑을 느끼게 해 줄 것이다.

　부모의 자기 돌봄은 개인의 행복을 넘어 아이와 가정의 건강한 미래를 위한 가장 확실한 투자다.

배우자와의 교육관 차이 좁히기

　아이의 성장에 따라 변화하는 수많은 변수들, 그중에서도 가장 미묘하고 때로는 날카로운 문제 중 하나는 바로 배우자와의 교육관 차이다. 처음에는 사랑만으로도 충분할 것 같았던 관계가 아이를 키우는 과정에서 벽에 부딪히곤 한다. 어쩌면 당연한 것이다. 서로 다른 교육을 받으며 자랐으니 다른 가치관을 가지고 갈등하는 것은 당연한 결과이다. 하지만 모든 현상과 관계성은 당연하지 않다. 조금만 생각해 보면 당연하다고 생각하고 생기는 갈등이 꽤 많다. 배우자와의 교육관 차이를 어떻게 좁혀 나갈 수 있을지, 갈등을 공감으로 전환하는 과정이 필요하다.
　사람은 누구나 자신이 살아온 방식대로 세상을 본다. 특히 자녀교육에 있어서는 더욱 그렇다. 내가 자라온 환경과 배운 방식은 무의식적으로 아이에게도 적용된다. 예를 들어, 아내는 비교적 자유로운 환경에서 자랐다. 부모님은 아내의 의견을 존중해 주셨고, 뭘 하든 일단 믿고 기다려주는 태도를 보여주셨다. 반면 남편은 엄격하고 규칙적인 교육 환경에서 자랐다. 공부 시간, 놀이 시간, 심지어 잠자는 시간까지 정해져 있었고, 성적이 곧 성취라고 배워왔다.

이런 차이는 아이가 자라면서 점점 더 선명하게 드러났다. 아이가 공부하기 힘들어하면 엄마는 "조금 쉬었다 다시 해보자", 아빠는 "습관이 중요하니 참고 지금 해야 해" 전혀 다른 반응을 한다. 누가 옳고 그르다는 문제가 아니다. 무의식 속 자리 잡은 방식이 다른 것이다. 크고 작은 차이들은 반복하며 큰 갈등이 되어 간다.

가끔 이런 생각을 한다. 남녀가 만나 결혼을 약속할 때 흔히들 말하는 자녀계획에 교육 가치관도 진지하게 얘기 나눈다면 얼마나 좋겠는가. 아이를 몇 명 낳는 것보다 훨씬 중요한 사항인데 생각해 보지 않는 게 현실이다.

아이는 태어나서 약 20년간 부모와 지내며 앞으로 살아갈 수십 년 동안의 필요한 생활 방식, 가치관, 학습 태도 등 많은 것을 배운다. 그래서 부모의 교육 가치관 차이를 좁히는 일은 아주 중요하다.

우리는 서로를 고치려 하는 본능이 있다. "당신은 너무 강압적이야", "너무 느슨하게 키우면 버릇없어져" 같은 말들은 상대의 방식 자체를 부정하는 표현이다. 나를 평가하거나 이해하려는 말보다 상대를 평가하고 질책하는 표현을 더 많이 쓴다. 이런 대화는 감정싸움으로 흐르게 되고, 아이를 위한 논의는 점점 서로를 향한 비난으로 바뀐다.

부모의 갈등 근본에는 아이에 대한 불안이 있기 때문이다. 아이가 잘 자리기를 바라는 마음이 기본으로 자리 잡고 있어 나타나는 현상이다. 스스로 선택이 아이에게 어떤 영향을 주게 될지 늘 고민하고 걱정하는 것이다.

사실 남편이 아이에게 공부를 강조하면, '혹시 아이가 위축되진 않을까' 걱정이 되는 것이고, 아이에게 너무 많은 자유를 주면 '습관이 무너지진 않을까' 불안한 것이다. 서로의 방식 뒤에는 각자의 두려움이 있는 것이다. 이것만 인정해도 조금씩 말투와 태도가 바뀔 것이다.

공동 목표 설정하기

부부간의 교육 가치관이 다르다고 해서 하나로 통일시키는 것이 정답은 아니다. 현실적으로 무척 힘든 일이기도 하다. 각자의 강점을 살려, 균형 있는 양육을 목표로 하는 것이 더 현실적이다.

"아이가 자기주도적이고 책임감 있는 사람으로 자라길 원해"

많은 부모의 마음속에 있는 말이다. 어떤 사람이 되면 좋을지를 먼저 생각해야 한다. 당장 눈앞에 있는 것을 목표로 삼는 것보다 어른이 되었을 때 어떤 마음의 재산이 생기면 좋을 지 생각하면 좋다.

갈등을 줄이고 공동 목표를 세우기 위해서는 상대방의 이야기를 듣는 것이 우선되어야 한다. 진심으로 상대방의 입장을 이해하려는 태도가 없이는 좋은 결과가 나올 수가 없다.

'아이가 어떤 어른으로 자라길 바라는가?', '아이에게 꼭 전하고 싶은 가치는 무엇인가?', '당신이 자랄 때 힘들었던 점은 무엇이었고, 지금 아이에게 반복하고 싶지 않은 것은 무엇인가?' 이런 질문들로 서로의 교육 가치관과 상처를 들여다보는 것부터 시작하면 된다.

대체적으로 엄마는 아이의 감정을 살피고, 스스로 선택할 수 있는 기회를 주는 역할을 맡고, 아빠는 규칙과 일관성을 중심으로 습관 형성을 도와주면 된다. 기본적으로 서로의 역할을 존중해야 한다. 유연하게 부족한 부분도 보완해야 한다.

아이들은 부모의 말보다 부모의 관계를 통해 많은 것을 배운다. 특히 부모가 서로를 대하는 태도, 의견 차이를 조율하는 방식을 그대로 흡수한다. 예전보다 많은 부모는 지키려 노력하는 것이 있다. 아이 앞에서 다투지 않는 모습이다. 의견이 달라 언성이 높아지거나 불안한 분위기가 될 것은 아이가 없는 곳에서 충분히 이야기하려고 한다.

부부간의 의견을 조율한 후 아이에게 전달하는 것을 원칙으로 해야 한다. 혼란스러운 메시지보다 일관된 태도는 아이의 안정감에 큰 영향을 준다.

많은 부부는 교육 문제로 부딪히며 좌절감을 느낀다. 때로는 서로의 다름에 너무 지쳐 힘이 빠지기도 한다. 서로를 이해하고 맞춰가는 과정은 결코 쉬운 일이 아니다. 상황이 어려울수록 반대로 생각하면 별일이 아닐 때도 있고 쉽게 접근할 수 있기도 하다.

서로 다른 교육 가치관을 가진 두 사람이 만났다는 것은, 아이에게는 오히려 더 풍부한 자극과 경험이 될 수 있다. 자유와 규율, 감정과 이성, 여유와 책임이라는 여러 경험을 하면서, 아이는 스스로 균형 잡는 법을 배운다. 달라서 얻을 수 있는 것을 생각해 보면 위기는 기회가 된다.

다름을 고민하지 말고, 다름에 포기하지 말고, 하나의 팀이라 생각하면 믿음이 생긴다.

아이 눈높이에서 배우는 삶의 감각

아이를 키운다는 것은 자신을 새롭게 마주하는 경험이다. 잊고 지냈던 삶의 본질을 다시 배우는 시간이기도 하다. 우리는 어른이 되면서 성취의 눈으로 세상을 바라보게 된다. 씁쓸할 때도 있지만 현실이기에 별다른 느낌 없이 살아가고 있다. 하지만 아이는 아직 세상의 틀을 모른다. 아이와 살다 보면 아이의 눈높이로 세상을 볼 수 있다. 그 속에서 잊고 있던 삶의 감각들이 되살아난다.

아이와 모래놀이를 하다 부모가 이제 집에 가자고 해도 모래사장에서 한참을 꼼지락거리며 모래를 만지고 있는 경험이 있을 것이다. 뭐가 그리 재미있는지 고개를 들지도 않는다. 오히려 부모가 체념하고 아이 옆에 앉아 함께 바라보면 예상보다 더 작은 세상에 쏙 빠져 있는 것을 볼 수 있다. 아이에게만 시간이 멈춘 것처럼.

어른들에게 시시해진 일상들이 아이에게는 특별하다. 계절의 변화, 물방울이 창문을 타고 흐르는 모습, 작은 개미 한 마리를 관찰하던 아이의 눈에는 모든 것이 놀랍고, 아름답고, 질문거리다.

아이의 시선은 부모를 천천히 걷게 한다. 무심코 지나치던 꽃 한 송이 앞에서 멈춰 서는 법, 손으로 흙을 만질 때 느껴지는 거칠고 따뜻한 느낌을 되살려 준다.

우리는 빠른 세상에 살고 있다. 느림을 갈망한다. 나이를 먹을수록 여유를 찾으려 한다. 하지만 아이들이 만든 세상에서 각자의 느린 방식으로 풍요로운 시간을 만들어가고 있다. 그 세상에서는 성과도 없고 결과도 중요하지 않았다. 단지 과정과 몰입이 있을 뿐이다.

아이의 느림은 단순한 미숙함이 아니다. 오히려 삶을 있는 그대로 마주하는 본능이 있는 것이다. 어쩌면 우리는 너무 빨리 어른이 되어 버렸는지도 모른다. 아이를 통해 짧지만, 종종 느린 것이 얼마나 좋고 깊은 것인지 배울 수 있다.

"왜?" - 질문의 힘

"엄마, 하늘은 왜 파란 거야?", "왜 밤이 되면 달이 나와?", "왜?" 아이의 질문은 끝이 없다. 처음에는 이런 질문들이 귀엽고 재미있다. 하지만 시간이 지나면서 나는 점점 당황하게 되기도 피곤하기도 한다. 대답을 할 수 없어서가 아니라, 그 질문을 왜 하는지가 답답해지기 때문이다. 하지만 이런 질문들을 우리도 하고 자랐을 것이다.

아이의 질문은 단순히 답을 요구하는 것이 아니다. 세상을 자라보는 태도이고 부모와의 관계이다. 우리가 성장하면서 가장 먼저 잃어버리는 감각이다. 알고 있는 것처럼 살고 있지만 사실은 의문을 가지지 않는데 익숙해지는 것이다.

어른이 되면 정답에 익숙해진다. 아이의 질문을 듣고 함께 고민해 보는 시간은 잊고 살아온 감각을 되찾는 시간이다. "그건 말이야…" 하고 설명을 시작하기도 하고 "엄마도 잘 모르겠어. 너는 어떻게 생각해?"로 유도하기도 한다. 어쩌면 아이는 부모에게 세상을 설명해달라고 요구한 것이 아니라, 세상을 새롭게 볼 수 있는 감각을 가르쳐 주고 있었던 것은 아닐까.

있는 그대로 존재하기

아이들은 감정을 있는 그대로 드러낸다. 기쁘면 소리를 지르고, 슬프면 서럽게 운다. 억지로 참지 않고, 감정을 설명하려 애쓰지도 않는다. 자기를 표현하는 법을 배우는 과정이다. 어른이 되면 언제 그랬냐는 듯이 사라지는 것들이다.

아이들은 실수를 많이 한다. 물을 엎지르고, 글자를 틀리고, 친구와 다투고, 넘어지고 또 울고. 그런데 아이들은 어른처럼 좌절하거나 체념하지 않는다. 몇 번 울고는 다시 시도한다. 실패를 두려워하지 않는다. 무엇보다 실수를 통해 배우는 법을 몸으로 익힌다.

아이들이 놀이 속에서 무한 반복을 하는 모습을 보면 경이로울 때도 많다. 과연 우리는 저렇게 할 수 있을까 싶다. 결론은 못 한다. 무슨 일이든 몇 번 만에 온갖 이유를 대며 포기하는 어른들의 모습을 보면 아이들이 존경스러울 때도 많다. 어른들은 실수를 인정하기 싫은 마음과 완벽하게 하고 싶은 마음이 내재되어 있기 때문이다.

아이가 실수를 허용하며 성장하는 모습을 보며 어른도 실수를 받아들이는 연습이 필요하다. 아이가 실수할 때마다 함께 웃고, 내 실수도 함께 이야기할 수 있어야 한다. 그 순간 아이도 배우고 부모도 배운다. 아이를 통해 부모가 더 많이 배우는 기회이기도 하다.

사회생활을 하며 익힌 감정 조절은 어른의 필수 기술이지만 그 기술 속에는 무시와 억압도 포함되어 있다. 아이들처럼 감정을 그대로 인정할 줄 안다면 튼튼한 감정의 소유자가 될 것이다.

삶의 속도 늦추기와 머물기

아이들은 조급하지 않다. 시간이 흘러가는 줄 모른다. 한 장의 그림을 몇십 분 동안 집중해서 그리고, 길가의 돌멩이를 집으며 한참을 머문다. 어른의 눈에는 비효율적인 시간처럼 보일지 몰라도, 아이에게 그 순간은 온 우주를 탐험하는 시간이다.

우리는 늘 해야 할 일이 많고 더 나아지기 위해 다음 단계로 올라가려고 한다. 그런데 아이는 부모를 붙잡는다. 잠시 머무르는 법을 알려준다.

함께 걷는 길, 함께 하는 놀이, 함께 마시는 물 한 모금. 그 모든 순간이 소모가 아닌 아이를 통해 느낄 수 있는 선물들이다. 삶은 경험하며 느리게 사는 것이라고 아이가 알려주는 것이다. 효율보다 감각이 더 중요한 삶의 방식을 느낄 수 있다.

아이의 눈높이와 속도에 맞춰 무릎을 굽히고 허리를 숙이면 너무 빨리 지나쳐버린 삶의 감각들을 아이를 통해 배우게 된다.

아이를 키운다는 건, 단순히 어른이 아이를 이끄는 일이 아니다. 함께 배우고, 함께 실패하고, 함께 기뻐하는 긴 여정이다. 아이는 어른들의 인생에 가장 작고 순수한 스승이다. 부모는 아이에게 옳고 그름을 알려주고 규칙과 질서를 이해시킨다. 그런데 진짜 배움은 아이를 통해 부모가 배운다는 것이다.

아이는 삶으로 부모를 깨우친다. 무엇이 중요한지, 어떤 속도로 살아야 하는지, 얼마나 다양한 감정과 질문이 삶을 풍요롭게 만드는지.

경계와 신뢰 사이

아이를 키운다는 것은 사랑을 주는 일인 동시에 놓아주는 연습을 반복하는 일이다. 어릴 때는 손을 꼭 붙잡아야 안심이 되지만, 어느 순간부터는 그 손을 서서히 놓아야 할 타이밍이 찾아온다. 아이의 독립성이 자라기 시작한다.

많은 부모가 독립적인 아이를 원한다. 자신의 일을 스스로 하고, 책임을 질 줄 알며, 삶의 주체로 설 수 있는 아이. 하지만 그런 독립성은 자연적으로 자라지 않는다. 유아기부터 청소년기를 거쳐 성인에 이르기까지, 독립심은 하나하나의 경험과 관계 속에서 길러진다. 부모의 역할이 아이의 독립성을 완성시킨다. 부모가 대신해주는 삶은 자율성과 주체성이 생기지 않는다.

경계 – 보호를 위한 울타리

'경계'란 단어는 때로 불편한 느낌이 든다. 제한을 두는 것, 하지 말라고 말하는 것, 아이가 불편해할 수 있는 규칙을 만드는 일이기 때문이다. 하지만 경계는 아이에게 매우 중요하다. 처음에는 안전을 위해서이고 점점 크면서 세상의 질서를 배우고, 타인과의 관계에서의 균형을 익히기 때문이다.

경계가 없으면 자유로워 좋을 것 같지만 막상 경계가 사라지면 아이는 불안해한다. 예측할 수 없는 세상은 아이가 감당하기 벅찰 정도의 혼란을 주기도 한다.

경계는 단순히 "하지 마!"라고 말하는 통제의 개념이 아니다. 아이가 안정감을 가지고 자랄 수 있도록 도와주는 보호의 울타리이자 자율성의 기반이다. 아이들은 세상에 대한 기준이 아직 없기 때문에, 자신의 행동이 어디까지 허용되는지, 어떤 것이 안전하고 어떤 것이 위험한지 모른다. 일관된 규칙과 기준을 통해 아이가 자신을 조절하는 법을 배울 수 있도록 도와야 한다.

아이가 싫어할까 봐 규칙을 흐리거나 마음이 상할까 봐 제지를 못 하는 부모도 있다. 하지만 아이는 자기 마음대로 하게 해줄 때보다, 자신을 존중하며 분명하게 안 되는 것을 말해주는 부모에게 더 신뢰를 느낀다.

따라서 경계는 아이의 자유를 억제하려는 것이 아니라, 오히려 건강한 자율성을 위한 울타리다. '이 안에서는 마음껏 놀아도 괜찮아'라는 암묵적인 메시지를 주는 것이다.

신뢰 – 아이를 바라보는 믿음

경계가 울타리라면 신뢰는 그 안에서 아이가 주체로 설 수 있도록 지지하는 토대라 할 수 있다. 단순히 '잘하겠지' 믿고 기다려주는 것이 아니다.

부모들의 가장 많이 하는 실수 중 황당한 것은 아이가 이미 다 알고 있다고 생각한다는 것이다. 한두 번 말해서 알고 있을 것이라는 착각이다. 어른도 같은 실수를 반복하며 살아가는데 아이는 더하면 더했지 덜하지는 않을 텐데 말이다. 신뢰는 아직 모르는 상태에서 배워가고 성장해 갈 수 있다는 가능성에 대한 믿음이다. 실수해도 괜찮고 계속 배우며 성장할 수 있다는 메시지를 주는 것이다.

아이를 신뢰하면 부모는 대신해주지 않는다. 스스로 시도하고 실패하고 다시 도전할 수 있게 기다린다. 아이의 선택들에 무조건 판단하지 않는다. 조절하거나 설득하지 않아도 아이가 스스로 조절해 갈 수 있게 도와준다.

아이가 준비물을 빠뜨리고 학교에 갔을 때, 부모는 대개 걱정부터 앞선다. '어떻게 하지? 선생님께 혼나진 않을까?' 그래서 직접 학교에 가져다주고 싶어진다. 하지만 이런 순간이야말로 신뢰가 필요한 시점이다. 아이가 그 상황을 스스로 해결해보는 기회를 허락해야 한다. 혼나거나 당황스러운 경험이 재산이 된다. 인간을 직접 경험하며 발전한다. 우리도 몇 번의 실수로 깨닫게 되면 같은 실수는 안 하게 되는 경험이 있을 것이다.

신뢰는 결과가 아닌 과정과 태도를 보는 것이다. 아이를 믿는다는 것은 아이가 완벽할 거라는 확신이 아니라, 불완전한 채로도 성장할 수 있으리라는 가능성을 지지하는 것이다.

경계와 신뢰 사이

아이의 독립심을 키우기 위해 가장 중요한 것은 경계와 신뢰 사이에서 부모가 자기 자리를 명확히 하는 일이다. 부모가 경계를 분명히 세우되, 아이의 선택과 실수를 존중하는 자세를 유지할 때 아이는 자기 삶을 스스로 책임지려는 의지를 키운다

유아기에는 혼자서 하겠다고 자기표현이 늘어난다. 신발 신는 것, 밥 먹는 것, 옷 입는 것. 그야말로 부모의 인내심이 필요한 시기이다. 간단하고 일관성 있는 규칙만 정하고 기다리는 것이 중요하다.

초등학생 아이가 친구와 다퉜을 때 꽤 많은 부모는 직접 나서서 해결하려 한다. 결과가 안 좋아지는 경우를 많이 봤다. 아이 싸움이 어른 싸움이 되는 것처럼 일이 커지기도 한다. 하지만 이럴 때 중요한 것은 아이의 이야기를 충분히 듣고, "너는 어떻게 하고 싶니?"라고 묻는 것이다. 필요한 조언은 하되 해결은 아이의 몫으로 남겨두는 방식이 바로 신뢰를 실천하는 방법이다. 부모가 기다려주면 아이는 기가 막히게 잘 해결하는 경우도 많다. 어른보다 감정을 더 잘 다스려 더 성장한다.

부모들이 가장 걱정하는 청소년기는 독립심이 정체성 형성과 결합되는 시기이다. 부모의 간섭을 거부하며 자기만의 생각과 판단을 주장한다. 이때 부모의 경계가 너무 강하면 반항심을 키우고 너무 약하

면 혼란에 빠질 수 있다.

　아이의 의견을 진지하게 듣고 논의의 과정이 중요하다. 유아기와 비슷하게 간단한 몇 가지의 규칙을 정하고 규칙에 대해서는 엄격하되 이외의 상황은 관대함이 필요하다.

　부모가 싫고 친구가 좋아지는 시기라고 치부하면 안 된다. 아이들은 "엄마는 무조건 안 들어줘요.", "아빠는 대화가 안 돼요." 라고 한다. 생각을 전환해 보면 이런 얘기를 하는 아이들이 문제가 아니라는 생각이 든다. 아이의 의견은 무시하고 무조건 지시형의 대화가 수없이 많이 오간 결과이다.

　"엄마, 아빠는 널 응원해, 널 믿어."

　이런 습관 같은 말보다 아이의 의견에 귀기울여주는 것이 훨씬 필요하다. 아이는 자신의 이야기를 들어주는 상대가 필요한 것이다. 의외로 문제해결도 본인이 알아서 하는 경우가 많다.

　독립심은 부모로부터의 단절이 아니라, 건강한 연결 속에서 길러지는 능력이다. 부모의 지지와 이해, 적절한 경계와 따뜻한 신뢰가 뒷받침될 때 아이는 점점 자기 삶의 주인이 된다.

　마치 연을 날리는 손처럼. 부모는 아이를 너무 단단히 붙잡지도 말고 너무 일찍 놓아버리지도 않아야 한다. 바람을 읽으며 끈을 조절하며 아이가 스스로 날 수 있도록 기다리는 것이다.

부모 자신의 성장을 위한 점검

☐ 나 자신을 돌아볼 시간을 갖고 있는가?

☐ 완벽한 부모가 되려고 스스로를 압박하고 있지는 않은가?

☐ 배우자와 교육관 차이를 좁히려 노력하고 있는가?

☐ 스스로를 돌보는 시간을 갖고 있는가?

제 4 장

실제 사례와 변화 이야기

까칠한 아이의 변화

까칠함은 종종 아이의 기질로 치부된다.

"저 애는 원래 성격이 그래요"

"저 애는 고집이 세고 말이 많아요."

물론 기질은 무시할 수 없는 부분이다. 하지만 까칠함의 진짜 이유에 이해받지 못한 감정, 조절되지 않은 불안, 그리고 관계 속에서 쌓여온 좌절이 숨어 있다.

조금만 세심히 들여다보면 원인이 보인다. 모든 일이 원인을 알면 해결 방법이 보인다. 부모의 눈에 보이지 않는 것들이 선생님들의 눈에 보이기도 한다.

초등학교 6학년이던 승아(가명)는 유난히도 뾰족한 아이였다. 선생님이 잠시 자리만 비워도 다른 친구를 때리거나 방해를 했다. 말투 역시 공격적이었고 매사에 부정적이었다. 아이들이 보통은 기분이 좋을 때와 나쁠 때는 말과 행동이 차이가 난다. 승아는 얼굴은 미소를 지어도 늘 까칠했었다.

승아를 눈 여겨 보던 중 어느 날, 승아가 부드럽게 말하고 따뜻한 눈으로 날 보는 것을 보고 까칠한 이유가 상대방에 대한 신뢰감이 깨져서 그런 것일 거라는 생각이 들었다. 바로 어머님께 전화드려 상담 요청을 했다. 다음 날 어머님과 차분히 많은 대화를 했다. 대화를 통해 승아는 초등학교 2학년 때 담임선생님과 문제로 달라지기 시작한 것을 알았다.

그때 부모님께서 좀 더 적극적이었더라면 좋았을 것이라는 의견을 비쳤다. 어머님 역시 그 부분에 미안해했다. 하지만 그 당시 승아 할머니와 승아 아버님께서 병원에 계셔서 승아 이야기를 들어줄 상황이 아니었다고 하셨다.

그러다 보니 승아는 만나는 모든 선생님을 신뢰하지 않기 시작했고 급기야 버릇없는 말과 행동을 하기 시작한 것이었다. 원인은 파악이 된 것이고 이제 해결을 해야 하는 상황. 어머님은 눈물을 훔치시며 어떻게 해야 할지 모르겠다 하셨다.

선생님으로 생긴 상처는 선생님이 낫게 해 줄 수 있다는 막연한 생각이 들었다. 선생님이란 존재가 단순히 지식전달자가 아니고 신뢰감과 책임감을 가지고 아이를 사랑하는 존재임을 느끼게 해주기 위해 노력했다.

어머님께도 부탁드려 승아의 이야기를 매일 5분씩이라도 들어주기를 청했다. 신기하게도 승아는 따뜻하고 밝은 아이로 변하기 시작했고 친구도 많아졌다. 마음이 편해지나 학업은 자연스레 따라오게 되었다.

초등학교 5학년이던 민지(가명)는 말수도 없고 반응도 크지 않은 내성적인 아이였다. 순종적인 편이라 수업 진행도 원활했다. 숙제 역시 안 한 적이 없는 성실한 아이였다. 그러던 아이가 귀신이라도 씌인 것처럼 갑자기 변하기 시작했다. 당황스러움이 앞섰다. 욕도 하기 시작하고 걸음걸이마저 껄렁거렸다. 성실함을 어디에도 없었다.

뭔가 짐작되는 것이 있어 바로 어머님께 전화를 드렸다. 왕복 두세 시간을 운전해서 출퇴근하는 직장맘이었다.

나의 첫 질문은

"어머님, 아침에 출근하실 때 밝게 웃으시며 신나게 출근하시죠? 우리 딸도 파이팅! 이러면서요."

"네, 어떻게 아세요? 신기해요."

"한번도 힘든 내색해보신 적 없으시죠?"

"네, 그래야 민지도 학교 가서 열심히 할 것 같아서요."

"어머님, 요즘 민지 집에서도 까칠하죠?"

"사실 그것 때문에 제가 아침에 더 밝게 해요"

예상이 적중한 기분이었다. 우리들이 자라던 시절과 우리의 아이들이 살아가는 세상은 아주 많이 다르다. 때로는 부모의 씩씩함이 아이에게 무기력함을 줄 수 있다.
'난 힘든데 엄마는 신나 보여.'라는 마음이 싹트기 시작한 것이다.

"어머님, 한 번만 제가 알려드린 방법 해 주실래요? 한 번만 해봐도 민지가 바뀔 거예요."

"알려주세요. 해 볼게요."

"오늘부터 출근할 때 가기 싫은 티를 내시고 퇴근하셔도 너무 힘들었다고 아무것도 하지 않고 있어 보세요. 주말에는 아프다고 방에서 나오지 마시고 누워 계셔 보세요. 아버님과 연극을 하는 거죠. 이왕이면 아버님께서 약도 사다 주시면 좋을 것 같아요. 어머님께서 힘든 내색 없이 너무 씩씩해서 나타나는 현상으로 보여요. 엄마도 힘들다는 거 보여주셔야 해요."

"무슨 말씀인지 알겠어요. 시키시는 대로 해볼게요."

열흘 정도 지났을 때 어머님께 전화가 왔다. 밝은 목소리로.

"선생님, 감사해요. 알려주신 방법이 통했어요. 전처럼 부드러워졌어요."

"알고 있었어요. 학원에서도 달라졌거든요. 너무 씩씩하게 살지 말게요. 마음은 튼튼하게 해도 힘들면 힘들다. 피곤하면 피곤하다 표현하시는 게 좋아요. 감정을 적절히 표현만 해도 민지는 안정감을 갖고 예쁘게 클 거예요"

그날 이후 어머님의 태도가 바뀌니 아이는 언제 그랬냐는 듯이 따뜻한 아이로 성장했다.

정빈(가명)이의 부모님은 맞벌이였고, 정빈이는 외할머니와 대부분 시간을 보냈다. 외할머니는 정빈이를 잘 보살폈지만, 엄격한 규율을 중요시했다. 매일 해야 할 일은 정해져 있었고, 자유롭게 감정을 표현하거나 의논하는 분위기는 아니었다. 무엇보다 엄마, 아빠가 늘 바쁘고 피곤해 보여서 정빈이는 하고 싶은 말이 있어도 꾹 참고 삼키기 일쑤였다.

하지만 감정은 억누른다고 사라지지 않는다. 마음속에 쌓인 억울함과 외로움은 아이의 말끝을 날카롭게 만들었고, 사소한 지적에도 쉽게 분노하며 반항적인 태도를 보였다. 까칠함은 바로 그 마음의 외투였던 것이다.

학원에서도 말이 없고 학교에서 친구들 사이에서도 까칠한 아이로 통했다. 정빈이와 단둘이 있는 시간이 자연스럽게 생겼다. 그런데 순간순간 정빈이가 스스로 자기 얘기를 하는 것이다.

내성적인 기질이 아니었다. 상처가 있다는 생각이 들었다. 부모님께 상담을 요청했다. 정빈이의 상태를 구체적으로 말씀드리고 아이의 까칠한 언행이 도움을 요청하는 신호로 보면 좋겠다고 했다. 문제점으로 보고 바로 지적하며 고치려 하는 것은 독이 될 것이다.

출퇴근 시간에 정빈이와 함께 하기가 어려운 경우가 많아 얼굴 볼 시간이 거의 없어서라며 걱정하셨다. 그건 핑계에 불과하다. 매일 중요한 것이 아니다. 변화는 작고 단순한 실천에서 시작된다. 일주일에 한 번, 한 달에 한 번이어도 좋다. 정빈이가 재잘거릴 수 있는 시간을 만들어 주면 된다. 정빈이에게는 무엇이든 함께 하며 들어주고 호응해 주는 부모가 필요한 것이다. 대단한 것이라 걱정하지 마시고 아주 작은 것부터 시작해 보시라고 구체적인 조언을 했다.

기복은 계속 나타났지만 조금씩 좋아지고 있음을 부모님과 내가 느낄 수 있었다.

아이마다 환경이 다르고 기질이 다르다. 그래서 해결 방법도 매번 다르다. 까칠한 아이를 변화시키는 데 있어 가장 핵심적인 요인은 부모의 태도 변화다.

아이가 감정을 말로 표현하지 못할 때, 직접 물어보거나 억지로 말하게 하지 않고 대신 "네가 무슨 일이 있었는지 잘 모르겠지만, 말하고 싶을 때 엄마는 여기 있을게"라고 말해주는 것이 좋다. 이처럼 존중하는 기다림은 아이에게 신뢰를 심어준다.

까칠한 아이는 문제아가 아니다. 오히려 감정에 민감하고, 관계에 예민하며, 자신의 언어로 세상과 싸우는 중이다. 그 싸움을 멈추게 해주는 건 훈육이나 통제가 아니라, 존중과 공감이다.

학원을 더 다녀야 할까요?

"선생님, 요즘 학원 하나로는 안 되는 것 같아요. 친구들은 두세 개씩 다니고, 학원 없는 날에는 불안해 보일 정도예요. 우리 아이도 학원을 하나 더 보내야 할까요?"

"요즘 우리 아이가 공부에 관심을 갖고 열심히 하고 있어요. 그래서 말인데 학원을 하나 더 늘려야 하나 싶어요. 공부량을 어떻게 늘리면 좋을까요?"

학부모교육, 학부모 상담을 진행할 때 참 자주 듣는 이야기이다. 단순한 교육 정보나 시간표 조정 문제가 아니라, 아이의 삶 전체를 놓고 들여다보아야 할 중요한 주제라고 본다.

수정(가명)이는 초등학교 4학년이었다. 피아노와 영어, 수학 학원을 다니고 있고, 주 2회는 태권도장도 간다. 아이 스스로 잘 따라가는 편이라 큰 걱정을 없는 편이다. 그런데 주말이 되면 아무것도 안 하는 시간이 늘어나면서 불안해했고 자꾸 할 것을 찾으며 부모에게 신호를 보냈다.

엄마는 이 모습이 기특하면서도 걱정스러웠다. 아이가 무언가를 끊임없이 해야 한다는 강박에 시달리고 있다는 걸 뒤늦게 깨닫고 상담 요청을 해 왔다. 많은 이야기를 듣고 수정이는 부모가 기대하는 모습에 맞추려 애쓰고 있던 것이라 판단했다. 우연히 또는 무의식적으로 자신이 무언가를 하고 있을 때 부모의 칭찬이 반복되었을 것이라 짐작했다. 부모 역시 쉬는 시간을 제대로 쉬지 못하는 것은 아닐까 싶었다.

해 볼 방법을 의외로 간단하다. 쉼에 대한 긍정적 신호와 부모가 먼저 쉬는 연습이 필요하다. 쉰다는 것은 아주 중요하다. 가족 모두가 쉼에 대해 무뎌져 살아가다 어느 순간 방전이 되면 번아웃이 올 것이다.

겉으로 열심히 사는 아이인 수정이는 내면에서는 쉼의 감각을 잃어 가고 있는 것이다. 지금 고치지 않으면 중학교, 고등학교로 갈수록 스트레스 민감성과 자기효능감 저하로 이어질 수 있다.

당장 수정이에게 할 수 있는 방법보다 부모의 휴식 패턴을 함께 고쳐가기 시작했고 차차 수정이에게 자연스럽게 스며드는 방식으로 도움을 드렸다.

승준(가명)이는 중학교 1학년이었다. 초등 고학년 시절, 친구들 대부분이 학원을 다니는 가운데 승준이는 학원 없이 혼자서 학습해 왔다. 그래도 초등학교 다니는 동안은 중간쯤은 따라갈 정도라 괜찮았다. 중학교 입학 후, 승준이는 수학에 어려움을 느끼기 시작했다. 스스로 학원을 알아보고 상담도 승준이가 직접하고 결정했다.

학원이란 곳을 처음 다니는 것이라 처음에는 적응하기 조금 힘들어했다. 스스로 선택한 학원은 아이에게 책임감과 자신에 대한 믿음을 느끼게 한다. 부모의 생각으로 정해준 학원은 아이에게 불만과 저항을 낳기도 한다. 승준이처럼 학원을 자기 주도적으로 선택한 아이는 학원의 도움을 도구로 활용할 줄 알게 된다.

아이가 먼저 학원을 보내 달라는 의사 표현이 가장 베스트인 것이다.

도준(가명)이는 초등학교 2학년이었다. 몇 달만 지나면 3학년이 된다. 3학년이 되면 학교에서 영어를 배우기 시작한다. 그래서 그런지 학급 아이들 중 절반 이상이 영어학원을 다닌다는 사실에 부모는 조금 조급해졌다. 더 늦으면 많이 뒤쳐질 것이라 생각하고 영어학원에 등록했다.

그런데 몇 달이 지나도 도준이는 실력이 늘지 않았고, 오히려 영어에 대한 거부감이 커졌다.

"엄마, 나는 영어 배우기 싫어. 학원 가면 속이 울렁거려."

얼마나 힘들면 몸으로 신호가 오기 시작했을까. 남들보다 뒤처지지 않게 하려다 학습 동기의 뿌리까지 뽑는 격이 되어 버린 것이다. 물론 아이를 힘들게 되는 것은 단순히 영어가 문제가 되기도 하겠지만, 자세히 들여다보면 여러 가지 이유가 있긴 하다.

도준이는 국어도 어려워하는 아이였다. 국어도 힘든 아이가 다른 언어까지 받아들이기가 힘들었을 것이다. 사실 진짜 필요한 것은 영어에 대한 자연스러운 흥미였다. 책을 통해, 노래를 통해, 놀이나 영상 속에서 언어에 대한 친숙함을 먼저 키웠다면 어땠을까?.

엄마는 더 큰 걱정이 생겼다. 앞으로 영영 영어공부는 안하면 어떻게 하냐며 걱정하셨다.

"물론, 그럴 수도 있겠죠. 하지만 많은 아이들이 대부분 그렇지 않아요. 지금은 도준이의 마음이 편해지는 것이 중요하고, 영어에 대한 거부감이 공부 전부의 거부감이 되지 않게 도와주시게요."

우리도 우리의 부모의 뜻대로 살고 있지 않고 좌절했던 그대로 멈춰버리지 않고 성장하며 살고 있다. 아이들은 부모의 믿음 속에서 스스로 정화하고 해결해 가는 방법을 알고 있다.

학원은 분명 아이의 배움을 도울 수 있는 유익한 공간이지만, 잘못된 타이밍에, 불안에서 비롯된 선택이라면 그 효과는 오히려 역효과가 될 수 있다.

학원이란 곳은 아이에게 지금 가장 필요한 것이 무엇인지 생각해야 한다. 개념 보충, 실력 향상, 자신감 회복, 혹은 새로운 자극 등 여러 이유가 있을 것이다. 그동안 유지하던 가족 간의 대화, 식사, 놀이, 수면 시간이 무너지지 않는지 고려해야 한다. 무너지는 것보다 조정을 통해 좋은 가족문화는 유지하는 것이 중요하다.

무엇보다 가장 중요한 것은 아이 스스로 원하고 학원에 다니는 목적을 이해하고 있는 것이다. 영어학원을 보낼까, 수학 학원은 어느 선생님이 잘 가르칠까, 하루에 몇 시간까지 가능할까. 이런 궁금증 중심에 아이가 있어야 한다.

어떤 아이에게는 하나의 학원도 버거울 수 있고, 어떤 아이에게는 두세 개의 학원이 새로운 가능성의 문을 열어 주기도 한다. 어떤 시기에는 쉬는 것이 학습보다 더 큰 자산이 되기도 하고, 어떤 시기에는 몰입이 삶의 리듬을 만들어 주기도 한다.

학원은 때로는 아이에게 날개를 달아줄 수 있는 좋은 자극제이다. 그러나 그 날개가 아이에게 무겁지 않은지, 방향을 잘 잡고 있는지 계속 점검해야 한다.

친구 관계로 고민하는 아이

어른의 세계에서 인간관계는 복잡하고 다층적이지만, 아이의 세계에서 '친구'는 거의 전부라고 해도 과언이 아니다. 놀이, 소속감, 자존감, 안정감이 모두 친구 관계를 통해 형성된다. 함께 점심을 먹고 운동장에서 놀아주는 친구 한 명만 있어도 세상이 환하게 느껴지지만, 옆자리 친구가 말을 섞지 않는다거나 소외감을 느끼는 순간 세상이 무너지는 것처럼 느낄 수 있다.

"엄마, 오늘 학교 안 가면 안 돼?"

이 말은 결정적인 신호로 작용 된다. 아이가 학교에 가기 싫은 이유는 단순히 어른이 회사에 가기 싫은 것과는 다르다. 이 말을 들은 부모들은 처음엔 그저 피곤하거나 가기 싫은 날이겠거니 한다. 그런데 그 말이 하루가 되고, 사흘이 되고, 일주일이 지나면서 부모의 마음도 조금씩 무거워진다.

평소에 학교를 즐기던 아이가 갑자기 무기력해지고, 아침마다 배가 아프다고 하고, 웃음을 잃어간다. 공부를 하다 말고 멍하니 창밖을 바라보기도 하고, 자기 방문을 닫고 들어가 한참을 나오지 않기도 한다.

수빈(가명)이는 급식 시간마다 점심도 못 먹어서 집에 오면 배가 너무 고파서 허겁지겁 먹었다. 엄마도 처음 몇 번은 대수롭지 않게 넘겼다. 나중에야 단짝 친구였던 세 명의 아이들로부터 '왕따'를 당하고 있다는 것을 알게 되었다.

수빈이 어머님 전화를 받았을 때가 아직도 생생하다. "선생님…." 이란 목소리 뒤로 들리는 흐느끼는 소리. 진정되실 때까지 기다렸고 그동안 있었던 이야기를 들을 수 있었다. 내가 학교에 함께 있는 것이 아니니 답답하기는 어머니와 별 차이 없었다.

일단 담임선생님과 면담하시라고 했다. 아이들간의 문제를 담임선생님께서 인지하고 있는지가 먼저다. 모르고 있다면 알려서 함께 해결해 가면 되지만 알고 있음에도 불구하고 어떠한 조치도 하지 않았다면 화가 나는 상황이다.

최근 들어 학교마다 학폭위(학교폭력위원회)에 신고되는 사건들이 증가하고 있다. 듣다 보면 헛웃음 나오는 것도 있지만 너무 화가 나는 경우가 있다.

학교 내에서 아이들 사이에 일어나는 문제들은 선생님들 눈에 보일 수밖에 없다. 조금만 관심을 갖고 바라보면 모르는 것이 이상하다고 생각된다.

수빈이의 경우는 중간 어디쯤이었다. 담임선생님께 구체적으로 알리고 향후 해결방안을 의논해보시라고 했다. 하지만 그 부분은 10분의 1밖에 효과가 없을 것이다.

이제 남은 부분은 부모의 대응인데 꽤 많은 부모는 "다른 친구랑 놀아보면 어때?"라고 한다. 참 단순한 질문이다. 아이 입장을 역으로 생각해 본다면 어쩌면 의미 없는 질문일 것이다. 쉬워 보이지만 상처 받은 아이의 입장에서는 가장 어려운 것이기 때문이다.

부모의 적극적인 태도가 필요한 상황이다. 수빈이 어머님께는 너무 함께 힘들어 하셔도 안되고 아무 일 아닌 것처럼 하셔도 안 된다고 했다. 말하면서도 얼마나 어려운 말인지 듣는 입장이 이해가 되어 걱정이 앞섰다. 그날부터 거의 매일을 어머님과 통화했다. 수빈에게 있었던 일, 엄마와의 대화를 들으며 이렇게도 해봐라, 저렇게도 해봐라 조언도 해드렸다.

이런 일들이 있을 때마다 느끼는 점은 부모는 이런 상황을 편히 대화할만한 사람들이 생각보다 많지 않다. 단순히 들어주고 다독여주고 울면 기다려주고 하는 것만으로도 악몽 같은 기간을 잘 버티시는 것 같았다.

늘 하던 대로 나는 수빈이 어머님의 비빌 언덕이 되어드렸고 수빈이는 엄마의 현명한 대응으로 끝나지 않을 것 같던 시기를 마치고 차차 밝아지기 시작했다.

중학교 1학년이었던 민준(가명)이는 너무 착한 아이였다. 간식을 매번 나눠주고, 친구가 빌려달라는 물건을 거절하지 못했으며, 친구가 잘못해도 자신의 탓이라고 사과하곤 했다. 친구에게 너무 잘해주려다 되려 힘들어진 것이다. 결국 친구들은 민준이를 호구라고 부르기까지 했다.

엄마는 아이에게 "네가 너무 착해서 그래"라고 말씀하셨다고 한다. 서로 대수롭지 않게 여기고 지냈다. 학습상태를 상담하려고 통화하다 최근에 있었던 일들을 들었다. 그냥 지나치면 더 크게 아프게 될 것이다. 걱정이 앞서 이런저런 상황을 알려드렸다.

엄마의 대응이 잘못되었다. 그냥 착해서 벌어진 일들이 민준이 탓은 아니다. 착한 친구를 이용하는 그 친구들이 잘못된 것이라고 알려줘야 한다. 그렇게 대충 넘어가면 안 된다.

착한 것과 나를 지키는 건 다를 수 있다. 진짜 착한 사람은 친구가 소중하듯이 자기 마음도 소중히 여겨야 된다.

거절하는 연습을 어머님과 함께 해 보기로 했다. 집에서 상황극을 하며 "미안, 오늘은 안 될 것 같아"라고 말해보는 연습을 반복하라고 했다. 나는 나대로 민준이에게 여러 상황들을 들려주고 간접적인 경험으로 '괜찮아'를 마음에 자리 잡게 도왔다.

민준이는 점점 상황에 맞게 거절하는 법을 터득하고 친구들과의 관계도 비교적 원만해졌다.

문제를 알아챘다고 해서 바로 해결되는 것은 아니다. 특히 관계 문제는 더욱 그렇다. 많은 부모는 당장 해결해주고 싶은 마음이 앞선다. 상황이 어려울수록 부모는 차분하고 인내심 있게 다가가야 한다. 아이의 감정을 평가하지 않고, 그저 들어주는 것부터 시작해야 한다. "그랬구나, 속상했겠다", "혼자 있는 시간, 정말 길게 느껴졌을 것 같아." 이런 말들이 아이에게는 커다란 위로가 된다.

여러 형태의 위로가 먼저고 해결을 시도해야 한다. 작은 시도를 지속적으로 할 수 있게 지지해야 한다.

친구 문제는 우리 아이들이 겪는 일상의 갈등 중 가장 빈번하고, 동시에 아이의 사회성, 감정조절력, 자기 존중감을 키워주는 결정적 기회이기도 하다.

친구 문제는 누구나 겪을 수 있고 지금 이순간에도 모든 상황이 아이를 단단하게 만들고 있다는 사실. 부모가 항상 아이의 편이라는 것을 아이의 마음에 뿌리내릴 수 있게 하면 된다.

반항기 청소년과의 소통

청소년기는 질풍노도의 시기라 부른다. 흔히들 사춘기라고 한다. 신체적, 정서적으로 큰 변화를 겪으며 자아 정체성을 형성하는 이 시기는 부모에게도 혼란과 상처를 준다. 어릴 적 부모 말이라면 무엇이든 따르던 아이가 어느 순간부터 대답은커녕 문을 쾅 닫고 들어가 버리는 모습을 보며 당황하게 된다. 그러나 반항은 단순한 문제행동이 아니라, 아이가 독립적 존재로 성장해가는 과정에서 벌어지는 자연스러운 과정이다. 부모의 지혜가 가장 많이 필요한 시기이다.

승훈(가명)이는 중학교 1학년이 되더니 짜증이 늘었다. 대체로 순종적인 아이였던 승훈이는 말을 걸면 표정이 일그러지고 대답하지 않았다.

그러던 어느 날 엄마는 "엄마 목소리만 들어도 짜증이 나?"라고 물었다.

승훈이의 대답은 1초도 안 걸렸다. "네."

당황도 아니었고 화가 나지도 않았다. 어쩌면 이미 알고 있는 답변이라 그러했을 것이다. 모든 부모는 원하는 답을 듣고 싶어 한다. 원하는 답이 아니면 서운하다며 화를 내기도 한다. 듣기 싫은 답도 예상은 하고 있지만 듣기 싫다고 외면하면 안 된다.

그날부터 엄마는 집에서 최대한 말을 하지 않았다. 그렇게 몇 달이 지나고 승훈이가 먼저 말을 걸었다. 물론 요구사항에 대한 허락이 필요해서 말을 걸었지만 먼저 엄마게게 말을 걸기까지 얼마나 고민했을지 짐작이 되었다.

엄마 역시 1초 만에 "그래"라고 대답했다. 반대하거나 잔소리를 늘어놓을 거라 예상했을 것이다. 너무 아무렇지 않게 대답하는 엄마를 보고 승훈이의 표정이 사르르 녹는 듯 환해졌다.

이후로는 재잘재잘 대화 잘하는 모자사이가 되었다. 물론 대화는 일방적이지 않다. 이제는 반대로 엄마가 말하기 싫은 시간을 승훈이가 받아들이고 기다려주기도 한다.

대화가 끊긴다고 관계가 끊기는 것도 아니고 잠깐의 기간동안 대화가 없다고 해서 무서워해서는 안 된다. 아이와 함께 있으면 계속 말해야 된다는 강박이 있는 부모를 종종 만날 수 있다. 대화는 아주 중요한 요소이지만 침묵 속 메시지를 읽는 것도 대화이다.

재촉하지 말고, 기다리며 안심하고 돌아올 수 있는 공간이 부모라는 것을 만들어 줘야 한다.

중학교 2학년이었던 정민(가명)이는 모범생이었다. 반에서 줄곧 1등을 도맡았고 매일 학습습관을 지키는 아이였다. 그러던 아이가 거짓말을 하기 시작했다. 주말 보강으로 학원에 와야 할 아이가 오지 않아서 연락을 해 보니 집에서는 학원에 간다고 나갔다는 것이다. 일단 기다려보았다. 수업이 끝날 때까지 오지 않아서 저녁에 어머님과 통화를 했다.

믿어지지 않는다는 어머님께 오늘은 모른 척 넘어가 주십사 부탁드렸다. 그리고 정민이가 거짓말을 왜 했을지 생각해 보자고 말씀드렸다. 당장 화를 참지 못하고 혼내면 안 된다. 부모 스스로 '혹시 내가 과도하게 간섭하거나, 정직하게 말했을 때 벌을 주지 않았을까?' 그런 질문을 부모 자신에게 던져야 한다.

며칠이 지나고 다시 어머님과 통화를 했다. 전보다 차분해진 어머님은 본인 잘못인 것 같다고 자책하셨다. 언제부터인지 아이 말을 잘 들어주지 않고 자꾸 짜증을 냈다는 것이다. 그럴 수 있다. 많은 부모가 그렇게 살아간다. 하지만 인정하고 바로잡는 부모는 많지 않다. 오히려 "어떻게 나를 속일 수가 있어!"라고 소리치거나 실망했다며 말을 안 하는 부모도 있다.

아이들은 누구나 거짓말을 한다. 내 아이는 거짓말을 안 한다는 것은 희망사항일 뿐이다. 단지 거짓말을 한다는 것을 알았을 때 부모의 지혜로운 대처는 거짓말 안 하는 아이로 클 수 있게 한다.

정민이 어머님께 "네가 학원에 안 간 건 실망스러웠지만, 그보다 더 슬픈 건 네가 나를 믿고 말할 수 없었다는 거야. 엄마가 너무 통제하려고 했던 건 아닌지 돌아보게 돼."라고 아이에게 말씀해 보시라고 조언했다.

감사하게도 어머님과 정민이는 대화를 통해 서로의 마음을 알게 되었다. 그 기회로 정민이도 어머님도 좀 더 솔직해졌다.

거짓말이라는 것은 거짓말을 했다는 사실보다 '왜 그런 선택을 했는가'를 중심에 두고 대화하면 쉽게 풀린다.

초등학교 6학년인 지아(가명)는 외동으로 부모의 사랑을 듬뿍 받은 것이 말과 행동에서 나타나는 아이였다. 내내 바른 모습만 보이던 아이였던 터라 예상치 못한 이야기는 충격적이었다. 학원 차량을 타고 오가며 차 안에서 친구들과 대화 속에 욕설을 한다는 것이다. 선생님들께서 거짓을 말할 리 없지만 몇 번이고 확인했다. 사실확인을 하고 어머님께 바로 전화를 걸었다.

최근에 갑자기 욕설을 하게 된 계기도 부모님을 짐작하고 있었고 "하면 안 돼."라고 여러 번 말했다고 한다. 이상하리만큼 더 많이 쓰고 집에 와서도 욕설을 할 때도 있다고 했다.

"진짜XX, 짜증나!"라는 표현은 감정 폭발형 욕설이다. 아이들이 많이 쓰는 욕설 중 하나이다. 욕설은 표현 방식일 뿐, 그 안에 숨겨진 감정을 먼저 읽어야 한다.

지아 어머님께 무조건 하지 말라는 말보다 욕설을 들었을 때 "지금 엄청 억울하거나 힘든 일이 있었나 보구나"라고 반응하면 아이는 당황스러워할 것이라고 말씀드렸다.

처음엔 아이가 "뭐야, 갑자기 왜 그래"라고 말을 할 수도 있을 것이다.

며칠만 해 보면 아이가 먼저 짜증 나는 일에 대한 감정을 대화로 드러낼 수 있으니 시도해 보라고 했다. 반항적인 언어의 배경에는 통제받거나 이해받지 못했다는 감정이 숨어 있다. 아이의 반항적인 언어에 반응법을 바꾸면 아이가 변한다.

다행히도 지아는 욕설을 덜 쓰고 스스로 자제하며 어떻게 표현할지 모르면 부모님과 상의하는 아이가 되었다.

반항하는 청소년의 모습 뒤에는 "나를 좀 알아줘", "이해해줘", "내 식대로 살아보고 싶어"라는 외침이 숨어 있다. 이 외침을 신호로 받아들일 때, 아이는 방어를 거두고 관계의 문을 열 것이다.

어른도 자신이 존중받는다고 느끼는 관계 안에서만 진심을 털어놓는다. 아이 역시 마찬가지이다. 아이가 반항할수록 우리는 더 성숙한 방식으로 응답해야 한다.

아이의 꿈을 어떻게 지원할까요?

"엄마, 나는 웹툰 작가가 되고 싶어."

"나는 축구선수 할 거야!"

"연예인이 될 거야."

"그냥 아직 모르겠어…"

아이들이 내뱉는 꿈의 언어는 때론 철없어 보이고, 때론 막연하고, 때론 현실과 멀어 보인다. 부모로서 응원하는 것은 당연하게 여겨지겠지만 동시에 불안하다. 정말 그 길이 가능할까? 실패하면 어떡하지? 괜히 시간 낭비는 아닐까?

요즘에 아이들에게 꿈을 물어보면 대부분 "아직 모르겠어요."라고 대답한다.

고등학교에 진학했지만 여전히 자신이 무엇을 하고 싶은지 모르겠다고 하던 승우(가명)는 늘 고민중이라고만 대답했다. 아버지는 "이제 슬슬 정해야 할 때 아니냐?"며 답답해하셨다.

승우에게 진로 설문지나 진로 관련 프로그램을 억지로 시키기보다는, 다양한 직업인 인터뷰나 다큐멘터리를 함께 보며 가볍게 의견을 물어보는 방법을 제안했다. 부모들이 자라던 그 시절보다 훨씬 다양하고 많은 직업이 생겨났고 사라진 직업도 많다. 아이들 입장에서는 혼란스러울 수 있다. 본인이 선택한 진로가 나중에 사라질까 봐 선뜻 선택을 못하는 경우도 있다.

방학 동안 다양한 체험활동에 참여할 기회를 갖는 것도 도움이 된다. 부모님께서 조언대로 여러 방면을 통해 승우의 진로 체험활동에 참여하셨다. 승우는 체험활동에서 만난 영상 디자이너와의 만남을 계기로 처음으로 "나 영상 만드는 일, 좀 해보고 싶어"라는 말을 꺼냈고 부모님 승우가 배울 수 있는 곳을 찾았다.

진로를 정했다고 연락이 왔을 때, "진로는 언제든 바뀔 수 있어요. 지금 정한 진로를 하기 싫다고 해도, 갑자기 다른 것을 해야겠다고 해도 '그럴 수 있지' 하며 언제든 승우 의견 들어주세요."라고 말씀드렸다.

아이의 변덕이 당연함을 마음에 새겨야 한다. 우리도 그렇게 좋았던 일이 다신 보지 않을 정도로 싫어지기도 한다. 아이 역시 그럴 수 있다.

 아이들이 진로를 모른다는 말은 게으름이 아니라 탐색이 필요한 시기일 수 있다. 자연스러운 노출과 경험을 통해 내면의 흥미를 끌어낼 수 있다.

 사실 고등학생 때 꼭 해야 하는 것은 아니다. 시기가 정해진 것은 아니니 언제든 함께 고민하고 의논하는 분위기를 만들면 된다.

 초등학교 5학년이던 유민(가명)이는 스스로 '수포자'라고 했다. 수학을 싫어한다기보다 못해서 속상해하는 아이였다. 엄마와 함께 학원에 들어오던 모습이 아직도 생생하다. 잔뜩 움추린 모습이 벌벌 떠는 강아지같아서 마음이 아팠다. 어머님께 수포자가 된 계기를 들은 후 학습보다 상처 치유가 먼저임을 확신했다.

 "학원에서는 어땠어?", "오늘 배운 것은 어렵지 않았어?", "선생님 설명은 이해할 수 있었어?" 집에 오면 이런 질문은 하지 말아 달라고 부탁드렸다. 더 움추려들 것이기 때문이다. 지루한 기다림이 될 수도 있을 것이지만 기다려 달라 말씀드렸다.

 다음 날부터 아주 조금씩 내가 할 수 있는 방법을 여러 방식으로 지도했다. 수학 문제를 풀다가 눈물을 뚝뚝 흘리는 날도 있었다. 잘 풀고도 자신을 의심했다. 몇 달간을 웃음기 하나 없는 수업이었다.

 "괜찮다"는 말을 셀 수 없이 했다. '괜찮다'는 세 글자의 힘을 늘 믿는다. 유민이는 점점 좋아지고 옅은 미소를 띄기 시작했다. 그렇게

학년이 2번 바뀌었다.

　어머님께서 볼 때마다 감사하다고 하셨다. 사실 난 직업적으로 할 일을 한 것이고 포기하지 않고 날 믿고 따라와 준 유민이에게 감사한 것이 맞다.

　유민이의 어릴 적 꿈은 선생님이었다. 수학에 대한 자신감이 떨어지며 다른 과목도 못 하게 되어 꿈이 사라진 느낌이었다고 한다. 그래서 더 우울했을 것이다. 성적이 안 되면 꿈을 이룰 수 없다는 나이가 되니 포기를 배워버린 것이다.

　학습으로 자신감이 조금씩 쌓이다 보니 선생님의 꿈을 다시 꾸기 시작했고 수학선생님이 되겠다며 웃는 얼굴이 여전히 선명하다.

　때로는 부모의 적극적인 정보탐색과 지원이 중요하지만 답답하리만큼 기다려주는 것도 방법이 될 때가 있다.

　다빈(가명)이의 어머님은 베트남 사람이었다. 다빈이는 한국어를 이해하고 말하는 데 어려움이 있었다. 학교가는 것 자체가 고통이라고 표현했다. 어머님도 더듬더듬 한국말을 할 정도였고 한국의 교육에 대해서는 전혀 알지 못했다.

　다빈이의 학습지도보다 어머님이 먼저라고 생각했다. 다빈이만이라도 잘 따라갈 수 있게 해달라는 어머님께 일주일에 두 번 오전에 학원에 오셔서 공부하시자고 했다. 당황스러움과 감사함을 표현하셨다. 지금은 다문화 부모를 위한 교육들이 지자체에서 많이 진행하는 편이지만 그때는 몇 군데 없었다. 거리가 멀면 찾아가는 것조차 쉬운 일이 아니었다. 거의 포기하고 있던 와중에 내 제안을 받았다고 하셨다. 다행히 성실하게 배우러 오셨고 엄마의 배움이 다빈이에게는 자양분이 되었다. 다빈이는 빠른 속도로 성장했고 학교생활도 훨씬 좋아지고 친구도 많이 생겼다.

어느 날 학교에서 발표한 내용이라며 써 온 종이를 내밀었다. '내가 되고 싶은 사람'이라는 주제였다. "언젠가 다문화가정 청소년을 위한 교사가 되고 싶다"는 내용이었다. 엄마의 적극적인 성실함이 다빈이 자부심에 뿌리 역할이 되었다.

아이의 꿈은 '완성된 계획'이 아니다. 성장과 함께 흘러가는 살아있는 방향성이다. 부모의 역할은 그 방향성을 대신 정해주는 것이 아니다. 아이가 그 길을 탐색하고 다듬어갈 수 있도록 안전하고 현실적인 토대를 제공하는 것이다.

아이마다 다르고 진로의 속도도 다양하다. 어떤 아이는 길을 안내해주기를 바라고 어떤 아이는 걱정을 멈춰주기를 바라며 어떤 아이는 말없이 지켜봐 주기를 원한다.

아이마다 꿈마다 타이밍과 필요한 지원은 다르다. 아이의 가능성을 믿고 거기에 맞는 방식으로 지지한다면 꿈은 현실이 될 것이다.

완벽주의 부모에서 성장지원자로

"잘해야 한다."

"부족하면 안 된다."

"완벽한 부모가 돼야 아이가 잘 클 수 있다."

이런 생각의 부모가 적지 않다. 아이의 미래를 걱정하고 준비해주려는 마음은 때로 완벽주의자의 모습이 된다. 그러나 이 완벽주의는 종종 아이에게 압박, 불안, 위축이라는 그림자를 만든다.

부모의 완벽주의 성향은 아이만 힘든 것이 아니다. 아이는 부모의 계획대로 안 될 때가 반드시 온다. 결국 부모가 힘들어지게 되는 것이다.

완벽주의는 부모의 불안을 감추는 가면이기도 하다. 대리 만족에서 시작되기도 한다. 부모가 먼저 가면을 벗어야 모두 자유로워질 것이다.

유나(가명)는 중1이었고 모든 스케줄은 엄마가 직접 짰다. 학원, 특강, 과외, 심지어 방과 후 독서 시간까지도 빈틈없이 꽉 채워진 스케줄이었다. 유나는 점점 지쳐갔고, 스스로 결정하는 힘을 잃어갔다.

학원등록을 위한 상담을 할 때마다 아이들의 스케줄을 받아 적어본다. 과연 부모는 그 스케줄대로 하라고 하면 할 수 있을지 걱정되는 경우가 종종 있다. 유나의 경우도 마찬가지였다. 금방 지쳐서 마음이 쓰러질 것이라고 경고와 같은 조언을 했다.

어느 것 하나도 못 빼겠다는 어머님 옆에 있는 유나를 보고 시간을 두고 어머님을 변화시키겠다고 마음먹었다.

얼마 지나지 않아 유나는 아무것도 하지 않겠다며 모든 것을 거부했다. 어머님은 어떻게 하냐며 다급한 마음이 느껴질 정도로 날 찾아왔다.

"처음부터 선생님 말씀 듣고 스케줄 조정을 조금이라도 했더라면 이렇게까지 되지 않았을까요?"

"아니요. 조금 조정하는 걸로는 안 되요. 아마 그때 조정하셨더라도 다시 추가하셨을 가능성이 높아요."

"그럼 어떡해요……"

"유나한테 맡겨 보세요. 그동안 지켜보니 유나가 충분히 잘할 것이라 믿어요."

다행히 어머님은 내 조언대로 기다려주셨다. 유나가 스스로 스케줄을 조정하는 데 코칭만 해주었다. 기대 이상으로 잘 해내는 유나를 보며 많은 것을 느끼셨다고 하셨다.

부모의 통제는 단기적 성과를 만들 수 있지만 스스로 결정하는 힘은 키워주지 못할 뿐만 아니라 자존감도 무너진다. 아이에게 선택권을 준다는 것은 책임도 함께 주는 것이다.

초등학교 6학년이었던 준호(가명)는 문제를 풀다가 막히면 그 문제만 붙잡고 있었다. 몇 번이고 말을 해도 고쳐지지 않았다. 과거에 자주 지적했던 습관이 아이를 그렇게 만든 것이다. 부모의 영향, 과거 어느 선생님의 영향일 수도 있다.

실수가 당연하다고 느끼는 아이보다 실수하면 절대 안 된다고 말하는 아이가 더 걱정스럽다. 후자의 경우에는 실수가 아니라 실패로 받아들이기 때문이다. 학습만 문제가 되는 것이 아닐 것이라 생각하고 부모님께 연락을 드렸다.

집에서도 비슷한 상황이란 것을 알았고 부모님 중 완벽주의 성향을 가지신 분이 어떤 분인지도 파악했다. 아버님께서 그러하다는 것을 알고 자주는 아니더라도 종종 실수를 보여주며 "아빠도 실패했네.

다음엔 어떻게 하면 될까?"라고 말씀해 달라고 했다.

시간은 걸렸지만 준호는 점점 실수에 덜 예민해졌고 도전에도 열려 있는 아이로 변했다. 자존감이 더 자라나 성장하는 것이 보였다.

부모가 자신의 실수를 숨기지 않을 때 아이도 실수를 자연스럽게 받아들이고 성장한다. 아이는 완벽한 부모보다 솔직한 부모에게 더 신뢰를 느낀다.

중3이었던 지수(가명)는 미술을 전공하려고 어렸을 때부터 미술을 꾸준히 한 아이였다. 수업을 진행하며 조금씩 친해지니 지수는 그림을 그리는 것이 즐겁지 않은 것을 알았다. 처음에는 너무 오랫동안 해 와서 지친 상황이라 생각하고 위로와 응원을 해 주었다.

시간이 갈수록 내가 느낀 것이 잘못됨을 느끼고 진지하게 대화를 시도했다. 화가의 꿈은 어머님의 꿈이었고 어머님은 집안 형편 때문에 접어야 했음을 알게 되었다. 흔히 말하는 '대리만족'이다. 부모가 못 이룬 꿈 자식에게 대신 이루게 하려는 경우는 생각보다 많다.

엄마에게 진지하게 얘기해 보라고 했더니 이미 해 봤다고 했다. 지수는 프로파일러가 되고 싶어 했다. 엄마는 "지금까지 들인 시간과 돈은 뭐가 되니?"라며 반대하셨다고 했다. 어머님을 설득해야 지수가 행복할 것이다. 어머님과 여러 번 상담을 진행했고 어머님께서 직접 화가가 되는 것이 늦지 않았음을 계속 말씀드렸다. 갈등은 한동안 지속됐고 어머님과 지수는 힘들어했지만 서로 노력했다.

어느 순간 어머님이 아이가 미술을 꾸준히 해왔다는 경험 자체를 고마워하며 내려놓고 지수의 진짜 꿈을 지지하기 시작했다.

하고 싶은 일을 해야 행복하다는 사실은 누구나 잘 안다. 그런데 이상하게도 많은 부모는 늦었으니 아이라도 시키려고 한다. 본인의 꿈과 아이의 꿈을 동일시하려고 한다. 한 뱃 속에서 나온 쌍둥이도 꿈이 다르다. 다른 세대를 살아온 부모와 아이가 어찌 꿈이 같을 수 있겠는가.

체벌과 언어폭력만이 학대가 아니다. 원치 않은 인생을 강요하는 것도 학대일 수 있다.

처음부터 완벽주의 부모가 되려던 건 아닐 것이다. '좋은 부모'라는 이름 아래에 완벽에 가까운 부모상이 스며들었을 것이다. 결과 중심, 실수 없는 아이, 꾸준히 잘하는 아이를 만들어야만 안심이 되는 것을 느낀다.

안심하고 싶어서 내가 부족하지 않다는 걸 확인받고 싶어서 완벽주의 부모가 되어 간다. 아이에게 실수가 생기면 그 실패가 곧 내 실패처럼 느껴진다. 자책하게 되고 그래서 더 조이고, 더 개입하고, 더 관리하려 한다.

결국 부모의 불안은 아이에게 대물림된다. 결과 대신 과정을 묻고 잘못 대신 감정을 들여다보면 변화는 가능하다. 완벽을 강요하던 부모도 아이의 성장을 기다려주는 조력자가 될 수 있다.

가장 힘든 건 내가 부족한 부모임을 인정하는 일이다. 인정하고 나면 완벽주의자가 아닌 성장지원자로 나아갈 수 있다.

에필로그

　드라마나 영화를 선택할 때도 저는 항상 해피엔딩인 것을 선호합니다. 줄거리의 완성도나 연출력보다 마지막에 미소 지을 수 있는 이야기. 그 한 장면이 저를 오래도록 붙잡곤 합니다.
　첫 단추가 잘못 끼워졌더라도, 공든 탑이 무너지더라도, 포기하지 않는다면 결국 해피엔딩은 가능하다는 믿음. 그 믿음은 스크린 속 이야기뿐 아니라 부모로서의 삶에도 적용되어야 합니다.
　때로는 포기가 가장 편한 방법이기도 합니다. 갈등을 피하고, 논쟁을 줄이고, 기대를 낮추면 부모와 아이 사이가 조용해지기도 합니다.

　"나는 원래 이런 부모야."

　"이제 와서 바꾼다고 달라질까."

그렇게 체념하고 물러서면 갈등은 사라지는 듯 보이고 아이와의 거리는 안전한 듯 유지됩니다. 하지만 그 거리는 결국 마음의 단절로 이어집니다.

그럼에도 불구하고 포기하지 않고 엎치락뒤치락 살아가다 보면 아이와 부딪히고, 반성하고, 다시 손 내밀다 보면, 그럴싸한 결말은 아니어도 우리만의 해피엔딩을 만들 수 있습니다.

폭풍 속에서 흔들릴 수밖에 없어도 바람에 꺾이지 않기 위해 애쓰며 내 아이의 부모라는 책임으로 버텨왔을 것입니다. 그 흔들림마저도 부모의 사랑이었다는 걸 이제는 우리 스스로 인정해도 좋을 시간입니다.

서툴러도 괜찮습니다. 중간에 잠시 놓쳤더라도 괜찮습니다. 중요한 건 다시 잡은 손, 다시 마음을 다잡는 용기입니다.

학부모교육은 완벽해지기 위한 것이 아닙니다. 포기하지 않기 위한 힘을 얻는 과정입니다. 나만 힘든 게 아니라는 위로, 내가 다시 시작할 수 있다는 용기, 아이를 이해할 수 있는 눈과 나를 다독일 수 있는 지혜를 함께 나누는 시간입니다.

학부모교육을 인연으로 만난 사람들은 때로는 배우자보다 편하게 대화할 수 있고 막막할 때 작은 빛이 되기도 합니다. 아무 의미 없는 수다로 시간이 채워진 것 같아도 아이들의 매 순간이 의미 있듯이 부모들의 수다도 매 순간 의미 있는 시간입니다. 긴말하지 않아도 서로가 공감하는 시간입니다.

어쩌면 '부모로서의 해피엔딩'이란 아이의 성공도, 내 방식의 승리도 아닐지 모릅니다.

그저 아이 곁에 끝까지 머무는 사람으로 남는 것. 아이가 힘들 때 한 번이라도 더 돌아보고 싶은 부모가 되는 것. 그게 우리가 꿈꾸는 진짜 결말 아닐까요.

이 책이 그 여정을 함께 걸어온 당신에게 작은 응원과 이정표가 되었기를 바랍니다.

끝까지 포기하지 않은 모든 부모에게 해피엔딩은 반드시 찾아옵니다.

"당신의 해피엔딩을 진심으로 응원합니다."

비빌 언덕의 힘

발행일	2025년 9월 10일 초판 1쇄
지은이	최은숙
펴낸이	황준연
편집 디자인	오형석
펴낸곳	작가의 집
출판사등록	2024.2.8(제2024-9호)
주소	제주도 제주시 화삼북로 136, 102-1004
이메일	huang1234@naver.com
연락처	010-7651-0117
홈페이지	https://class.authorshouse.net
ISBN	979-11-94947-24-0(03590)

· 이 책은 저작권법에 의하여 보호를 받는 저작물이므로 무단 전재와 복제를 금합니다.
· 파본은 구입하신 서점에서 교환해드립니다.